JN058303

わたしの旅ブックス
019

会いにゆく旅

森まゆみ

産業編集センター

会いにゆく旅
目次

第一章　一生ものを見つける

第二章　湯の町でのんびり

第三章　うまいものをさがす

第四章　古い町をぶらぶらあるく

第五章　いざ東北へ

＊本文中の町や施設や人物の情報は、初出時のものであることをご了承ください。また、エッセイごとに別掲した施設情報は、二〇一九年十二月現在のものです。

第一章

一生ものを見つける

万年筆〈鳥取〉

鳥取はそう縁のある土地ではない。東京からはなんとなく遠い感じのする場所。私が鳥取市を訪れたのも、たまたま博物館で話を頼まれたからだ。

少し早く着き、街を歩いていたら、万年筆博士なる美しいショールームが目に留まった。鳥取市の誇る名店です、と案内者がいい、店に入っていった。

それはそれは美しい万年筆である。原稿を手で書く私は魅せられた。衝動買いの癖が直らない。といっても、その衝動は体の奥底のセンサーみたいなもので、めったに作動しない。このときは作動してしまった。

出ていらしたのは山本雅明社長である。「いまご注文になっても一年はお待ちいただきますが」と泰然とおっしゃった。ハイハイ、待ちますとも。「では、こちらに万年筆で何

か字をお書きください」。私が試し書きをすると、「書き慣れておられますね」という。ハイ、書くのが生業《なりわい》ですから。

そのころ私はA4版の四百字詰め原稿用紙に書いていた。太めの軸でペン先も太字がよい。いつも丸善で買ったオノトを使っているので、あたたかな木製の軸を選んだ。

山本さんは私が書く字を見て、角度、傾斜、進入角度、筆圧などを綿密にチェックしていった。筆圧は「中」、筆速は「速い」。生まれてはじめて作る万年筆は「FCW-EX-ME」。木はココボロウッドの赤味アクセント調。作ってくださるのは田中晴美さんという五十年を超える万年筆職人で、二〇〇四年、現代の名工に選ばれている。

一年間、じっと待つと、桐箱に入った手作り万年筆が送られてきた。価格は送料込み十二万七千八百九十五円。一生ものだ。服や化粧品には使わない私の唯一のゼイタク。「パソコンは文明、万年筆は文化」。気に入ったなあ、この言葉。

だんだん書きよくなってきた。

【万年筆博士】鳥取県鳥取市栄町605☎0857・27・7714

裂織《さきお》りのバッグ〈新潟〉

海は荒海、向こうは佐渡よ、という歌が、かなしく心に満ち、私は憧れていた。佐渡おけさ、文弥《ぶんや》人形、能舞台、無名異焼《むみょういやき》、鼓童《こどう》という太鼓の一座、そして、順徳《じゅんとく》上皇、日蓮上人、世阿弥の流された土地、佐渡金山。

新潟港から船で渡った大きな島は、想像を超える豊かな土地で、私は宿根木《しゅくねぎ》の町並みを歩いたり、たらい舟に乗ったりした。そして、金山近くの相川《あいかわ》技能伝承展示館で柳平則子さんに出会った。

柳平さんは民俗学者宮本常一氏の薫陶を受けた、私より少し年上の女性で、裂織りの伝承に熱心であった。

裂織りとは、海や山で働く人々の仕事着である。孤島佐渡では、綿の栽培が行われず、

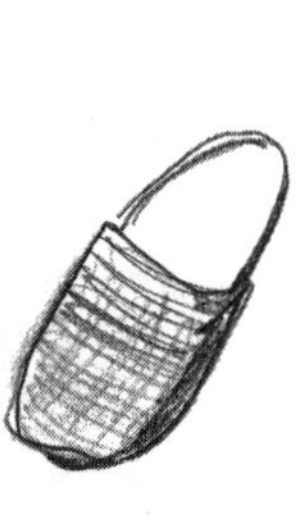

人々は山野に自生するフジ、シナ、ヤマソなどを採り、その樹皮で衣服を作ってきたという。

江戸時代中期ともなると、西日本からの廻船が、古木綿を持ち込むようになり、それを細かく裂いてヨコ糸としたのが「裂織り」である。タテ糸には天然繊維を用いた。機《はた》はネマリバタと呼ばれる地機で、タテ糸を体にくくりつけ、足で操作し、重い杼《ひ》でヨコ糸を打ち込む。裂織りは国の重要有形民族文化財に指定されており、いまはタテ糸に木綿糸を使っている。それで織った布は、いかにも女たちの手の跡が見え、素朴で温かいものである。伝承館では、その織りを体験することができるが、残念ながらその時間がなかった。

柳平さんの熱意にうたれ、深い緑色の手ごろな大きさのショルダーバッグをひとつ求めた。それは、見れば見るほど美しく、複雑な風合いがあり、それから五年も経つが、壊れず飽きない。柳平さんは佐渡金山を案内してくださり、夜は海府《かいふ》の佐渡おけさに招いてくださった。

家でこのバッグを眺めると、笠で顔を隠した女たちの幽玄な踊りを思い出す。

応量器〈宮城〉

この器の名をはじめて聞いたのは仙台の友人、結城登美雄さんからであった。彼を一言でなんといえばいいいか、民俗研究家と名乗っているが、東北中を歩いては、海のものと山のものの交換をうながし、元気のない農村へ行って背中をやさしく叩き、日本の食の将来を思って打開の道を探っている。

いま、日本の食の自給率は三十九％。おそろしい数字である。どうしたらいいのか。その目に見える解決が「応量器」なのである。

いま農民は三百数十万人、人口の三％しかいない。漁民にいたっては二十万人。その少ない人数でよくぞ三十九％も支えて下さって、とまず感謝したい。日本ではコンビニや食堂で一日に何百万食も捨てている。世界で一日一食も食べられず、餓死している子どもも

一日数万人いる。食べ物を無駄にして申しわけない、と思うことも大切だ。

応量器は文字通り、分量に応じた器ということ。曹洞宗の用語だが、禅宗の修行僧の携帯する食器で鉄鉢《てっぱつ》、持鉢《じはつ》ともいう。彼らは修行を続け、この器で布施も受ける。そして一番大きな器で粥を、次に汁を、次に香菜（漬物）を入れていただく。最後に少しの湯で器を洗い、飲み干して布に包む。鉄で作るのがふつうだが、黒い漆塗りだけは同等のものとして許されている。

鳴子の漆職人、小野寺公夫氏の工房でこの美しい五つ重ねを見たとき、これを使ってみたいと思った。病を得たのをきっかけに飽食をやめ、外食をやめ、地球六十分の一の〝足るを知る〟暮らしを営みたい。

願いが聞き届けられ、家に帰って並べてみた。一の器に玄米飯、二の器に大根の味噌汁、三の器にうどのきんぴら、四の器にしみ豆腐の煮物、いちばん小さな朱塗りになすの漬物と沢庵を入れた。三十分かけて一人ゆっくり食べ終わり、湯ですすぎ、さらしの布で拭き、重ねた。ぴたりと納まり、清々しい。私はこれを小野寺夫人の作った布袋に入れ、また鳴子へ自炊湯治へ行くつもりである。

八千代座〈熊本〉

国の重要文化財の建物というと、釘一本打ってはいけない、触ってもいけないように思われがちだが、よく使われ、楽しまれているものもある。その横綱は愛媛県の道後温泉本館（明治二十七年改築）だろう。毎日三千人ほどの人が出入りし、湯につかっている。熊本県の山鹿《やまが》温泉に八千代座という明治四十三年築の芝居小屋があってこれも重文。市の所有で、坂東玉三郎が来演したり、地域の映画館としても用いられている。

公開されていて、五百円払うと、係の人が一時間あまりも丁寧に説明してくれた。山鹿の商工会が劇場組合を作って、一株三十円を募った。肝煎りは菊池川の廻船問屋としてかなり富裕だった木村亀太郎という人である。驚くのは、彼はこの建物の金主なだけでなく、設計もし、格《ごう》天井の広告画も自分で描いたという。芸達者な旦那さんだ。

桟敷はやや斜めになっていてどの席も見やすい。昔の人は小柄なので一枡に四人入ったが、いまはまん中の桟をはずし二枡に五人入れるという。

「全部で七百席ですから、役者さんの顔もはっきり見えます。玉三郎さんのおしろいの香りがした、目が合ったと喜ぶお客様も。客と近いから手ぬきができないと出演者の方はおっしゃいます」

と案内の佲田《まつだ》和子さん。

「菊池市のさくら座も同じ人が建てたのですが、壊されてしまい、八千代座も老朽化で壊す話になっていました。この小屋に思い出のあるお年寄りたちが保存運動を行いました。雨もりを防ぐため瓦を一枚一枚寄付しようとか。うちの父も署名を集めたり、町内を募金して回ってました」

こうして八千代座は残り、劇団組合から市に寄付されて見事によみがえった。シンプルなデザインのシャンデリアも戦争中の金属の供出で失われていたが、昔の写真から復元した。冷暖房はなく、いまも夏の客は浴衣がけに扇子や団扇でやってくる。

「私の子どものころは文化会館として学芸会や音楽会をやってましたね。屋根がついているから体育館がわりに使われたり。うちの姉なんか、洋裁学校のファッションショーで舞台に上がりました」

そんな思い出が町の人一人一人の胸に生きている。

「花道の反対側の桟敷が一等席で、旦那衆がなじみの芸者衆を連れて来たそうです」

山鹿は温泉町、芸者衆が町を行きかい、昼間から三味線の音がきこえた。そんなたたずまいが芝居小屋から浮かびあがる。

最近は貸し切って結婚式を挙げる人もいるという。帰りがけ昔の興行の札を見ると座主や役者だけでなく、下足番、電話番、仲居のミサキさん、ミヨさんの名まであった。なんともあたたかい建物だ。

【八千代座】熊本県山鹿市山鹿1499☎0968・44・4004

群言堂の服〈島根〉

一九九〇年ごろの夏、軽井沢のある店で「石見銀山・群言堂」というタグのついた服を見た。それは黒っぽいワンピースだったが、布が複雑な織でしゃれていて、しかも涼しそうだった。

その後、まちづくりの先進地として石見銀山の地名を耳にするようになった。アパレルメーカーの経営者夫妻が、国の伝統的建造物群保存地区（町並み保存地区）の家を、私財をつぎ込んで改修し、活用していると。それが「群言堂」なのだった。奇特な人もいるものだと驚いた。やがて実際にご夫妻に出会って話を聞いた。

大学生の松場大吉さんが名古屋で、素敵な年上の女性登美さんと出会った。登美さんは三重県の豆腐、油揚げ屋の娘で、ものづくりが大好きで、商売もそれに負けないほど好き

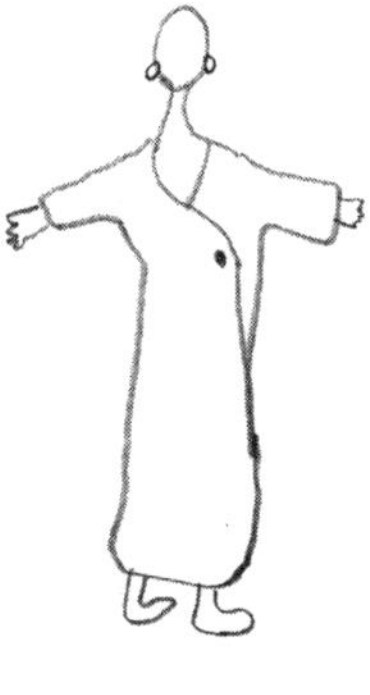

だった。小さな子どもを連れて大吉さんの故郷、島根県大田市大森町に帰ってきた。「オンボロ車で山の峠を越えるとき、森の中に小さな集落が見えた。ここでどんな生活が待っているんだろう。『赤毛のアン』じゃないけど、本当に心踊りました」。継ぐべき店は人口数百人の町で呉服を商う松田屋であった。

登美さんはまず「ブラハウス」の商標でカントリー調のエプロンや袋物を作って売る。家庭の主婦は子育ての過程で、たくさんの袋物を作らされる。保育園のシーツ、座布団カバー、給食袋、靴袋、そんなものすら主婦たちは作る暇と材料を仕入れる店がない。折しも「大草原の小さな家」がテレビでオンエア、そのブームもあって爆発的に売れた。山の中の集落で内職ではあったが、女性の雇用も作り出せた。家でできる仕事は女性たちにとっても都合が良かったのである。

次に登美さんは考えた。「私が着たい服がない。ならば作っちゃおう」。

じゃあ着たくない服ってどんなの？　と聞いたことがある。「硬い生地で、肩にパットが入って、ウエストが絞られて、袖ぐりが窮屈で、そんな服は嫌でした」。それって女性の国会議員が着ているやたら派手なスーツみたいな？　と聞き返すと登美さんは笑った。

「その真反対の、柔らかい生地で、生地そのものに表情があって、ゆったりしていて、着れば着るほど風合いが増す服が作りたかった」

だから群言堂の服のモデルには、登美さんを筆頭に家族や社員が登場。さらに店舗に行けば、店員さんがその服で生き生きと仕事しているので、また欲しくなる。

まさに、それが私も求めていた服だった。出会ってから、お互いにないものを交換するようになった。私のところにはどんどん本がたまる。登美さんのところには、どうしても試作品、返品とか、会社の広告塔である登美さんが着た服がたまっていく。それを交換した。当時の私は貧乏で、安いエスニック衣料がほとんどだったが、タンスはやがて、群言堂の服に置き換わっていった。時々はお店で無理しても買った。

始めたころ、登美さんはタイのチェンマイの郊外で「美しい竹の村」の染めと織物に惹かれたという。「その村の佇まいが、穏やかで慎ましくてなんともいえず、こうしたことを島根の山あいの村でやってみたいと思った」。つまり、土地の声を聞き、そこから出てくる素材とデザインを大事にする。それがこの土地に「根をおろす」ということだった。

いま、若い女性のための「根々《ねね》」というブランドもある。

私は登美さんとインドに行ったことがある。「あの時、女性はみんなサリーでした。そして、どうしてキモノを着てこなかったの、という言葉がぐさっときた。日本人はなぜ自国の文化を捨ててしまったのかと」。たしかに、続けて訪ねたブータンでも男の人はゴ、女の人はキラという民族衣装をまとっていた。

だからかもしれないが、群言堂の服には着物の匂いがある。

「西洋の衣装というのは、服に合わせて体を矯正する。コルセットで締めつけたり。立体裁断で左右対称なんです。着物は逆で、打ち合わせやおはしょり、肩縫いで、着物を体に合わせる。うちの服は着物の打ち合わせのようにアシンメトリーな服が多い。直線断ち、袖ぐりも緩やかで着物のようにたためます。いろんなサイズの人が着られる、融通が利くということも大事です」

その一つ一つの服には、古風できれいな色の名前がつけられている。ネーミングがうまい。「復古創新」(古きを生かし、時代にあった進化を続ける)、「心事創成」(心で思っていれば必ず叶う)、群言堂というネーミングも「一人のリーダーシップでなく、みんなでワイワイ話し合って決めていこう」ということなのだそうだ。

群言堂が用いる服地は、手作りに近い。「うちの布地の原価ははっきり言って高いのよ」と登美さんはいう。生地の生産者を大事にし、社員とともに研修見学にも出向く。私も着ている布の生産者をここで紹介しておこう。

夏になると手放せないのが、「綿スラブローン」のブラウス。二度の大病をしてから、化繊は肌が受け付けなくなった。外出時はこればかり。黒っぽい小紋のような柄のゆったりしたシルエットに風が通る。この生地を作っているのは二十年以上の付き合い、静岡県浜松市の「古橋織物」。浜松は江戸時代綿花の栽培が盛んで、遠州織物も有名だった。かつて千六百軒以上あった織屋は七十軒に。創業九十年の古橋織物は天然素材の細いローンを織るため、シャトル織機というゆっくり動く機械を手直ししながら使っている。

もう一つ、黒地に絣の入ったマンガン織。これは新潟の見附という土地の会社だ。この会社、この機械がなくなると織の技術が途絶える、と危機感を持った登美さんは生地を発注し、一人の職人が織り続けている。黒地に絣のような柄のワンピースや、この生地で織った日傘を私は愛用している。「最初は、応援団のつもりでいたけど、ものづくりを応援されているのはこっちなのよね」と登美さんはいう。

綿よりさらに涼しいのが麻。群言堂の定番は「滋賀麻工業」の揉みほぐし麻だ。もともと一九四四年に兵隊の服や鞄を作る軍需工場として発祥したというのが意外だが、戦後は着物地。しかし「ものづくりの精神を大事にしながら先例を超える」が社是の会社と群言堂のデザイナー折井礼子さんが意気投合したことで、服になった。下着は必着だが、乾きも良くて、旅行に持っていって洗うと翌朝には乾いている。

最後に、五十肩になってから、ブラのホックを止めるのがつらい。そんなときはしっかりした布の服をブラなしで着る。浜松市の「辻村染織」はバンカラ兄弟ががんばる百年企業、元は柔道着を織っていたが藍一本に絞り、群言堂に柔らかくてハリのある、複雑な織の生地を提供している。

私はこれらの織物会社をすべてお訪ねしたいくらいだ。

自分の給料で、登美さんは相変わらず、山間の一本道に続く空き家を一軒ずつ直し、店舗、社員寮、宿泊施設などに変えていった。それが、目標である「暮らしを楽しみ」「暮らしの根をおろす」ということだった。建物の保存だけではなく、本業の服飾メーカーとしても、各地の良いものを作る生地屋さんたちとつながり、「古い物の価値を再発見し、現代に生かす」ことを続けている。

私が五十代で大病をしたとき、登美さんからお見舞いとして何枚かの服が送られてきた。包みを開いて試着したとき、病気で萎えた神経が、ピンと立ち直り、癒やされる気がした。新しい似あう服を得て嬉しく、ワクワクした。一人でファッションショーをして鏡をのぞいた。早速、お礼の電話をかけると、「そうなのよ。体に効く服が作りたいの」といつもの落ち着いた声が聞こえた。

私が群言堂を着ていると、あるいはそれでテレビや雑誌に出ると「あ、群言堂でしょ」とすぐにわかる人がいる。「いいなあ、欲しいなあ」という財布の軽い友人には、その場で脱いであげてきた。素敵な服をもらう嬉しさを知っているから。一人でもファンを増やしたい。次はお店で買ってねと。

というか、私はそんなにたくさん服はいらない。何回、何百回、洗濯するうち、色はたそがれ、布はてろんと柔らかくなってくる。これがまたいいのだ。どんどん着やすくなる。娘におさがりをあげると、これまた襟と袖が擦り切れるまで着ている。

大量生産ではないため、翌年はその生地やデザインがあるとは限らない。そして群言堂の服は古着市場に出回ることが少ない。これは評価をあらわすことだろう。私が十年も前のを着ていると、登美さんは目ざとく「あ、それ、私も大好きだった生地」なんて反応してくれる。二十年着てるコートを見て、大吉さんが「ピーリング（毛玉）出てるよ。新しいの持ってけば」といわれたこともある。いいの、これで。

登美さんの関心は、服から食べ物や、寝具、寝間着、雑貨、インテリアへも広がっていく。「暮らしそのもののデザインと提案」をしたいのだという。石見銀山の本店にはカフェがあり、「婚家でつらいとき、ここに来て何時間も過ごすのが心の救いでした」と島根在住の女性に聞いたことがある。ここでは日本の鄙びた暮らしをテーマにしたランチやスイーツを出している。寝間着や寝具を体験する場所として、登美さんの経営する宿「他郷阿部家」や「只今加藤家」がある。

最近では若い社員の提案で、石見銀山の山野の恵みを素材にした化粧品や植物染めの服を「里山パレット」のブランドで作り始めている。彼らは本社前の田畑を耕し、小さいながらも食にかかわる仕事まで始めた。工場での大量生産とは逆行する生き方なのだが、「一週遅れのトップブランド」群言堂に入社したい若者は増えている。そして自然で自由な生活を希求する都会の意識の高い層にも群言堂ブランドは支持されている。

おそらく私も、死ぬまでここの服を着続けるだろう。エクスキューズを言わずに胸を張って着ていられる。あたかも皮膚のようになじみ、そして着心地がよく、心が落ち着くからだ。男目線を気にする媚態もなく、男社会を戦い抜く戦闘服でもなく、登美さんの言葉を借りれば「着て楽、見て楽、元気の出る服」だ。

【群言堂——石見銀山本店】島根県大田市大森町大森ハ183☎0854・89・0077

春の火振り神事〈熊本〉

気がついたら熊本を抜け、天草の海辺を走っていた。

あおいそら。あおいあおいうみ。

九州大学から持続可能な地域社会を探るシンポジウムに招かれた。その企画者である藤原恵洋《けいよう》さんとは四半世紀以上の付き合いである。

一九八四年に私たちが「記憶を記録に変えよう」と地域雑誌『谷中・根津・千駄木』を創刊したとき、彼は記事を書いたり、理論的なバックボーンを与えてくれた。連れ合いの馨ちゃんはそのころ二十四歳の若妻で、赤ん坊を連れて仕事を手伝ってくれていた。二〇〇九年夏、雑誌は九十四号で終刊を迎え、事務所の撤退や後始末で年の瀬は暮れた。やっと発行に追われなくなったんだから、シンポの後は慰労をかねて旧交を温めませんか、と

二人からのメールにあった。

とにかく借金もなく、読者や委託店に迷惑もかけず、雑誌の幕引きができたのはよかった。そしたらハーバード、東大なんかからバックナンバー全冊の注文がきてね、というと彼は「閉店商売ッてやつだね。うちの研究室でも買いますよ」と笑った。そうそう、あなたの所へ谷根千送ってても返ってきちゃうのよね。

「引っ越し二十一回だもの。千葉で就職して、福岡に来て、ライデンにも在外研究でいたし」。届かないのは住所不安定なあんたのせいだ、とふざけると「住所不安定かァ、いいなあ」とハンドルを切る。博士課程のころ、大きな彼がガリバーのように寝ていた谷中の小さな小さな家を思い出して胸がキューンとした。

「ほら、山桜がきれいよ」。景色をよそにおしゃべりばかりしている私たちを馨ちゃんがたしなめる。彼女も子育てをしながらオランダでシュタイナー教育を学び、いまでは百人以上を教えている。その成長ぶりも驚きだ。緑を背景にかそけき花がいま咲き始めた。

天草。遠い昔、ガルニエ神父が布教のため来られ、大江天主堂を建てた。初期の神父たちは土地の人々の生活をよくするため、農業も織物や建築も手がけた。天草弁を話す神父に会いたいと明治四十年夏、与謝野鉄幹、木下杢太郎、北原白秋、吉井勇、平野万里ら五人の若い詩人たちが天草に来て、「五足の靴」を合作した。

そのあとをたどったことがある。でも旧友との桜の旅はまた別格だ。建築史の他にアートによる町づくりも専門の恵洋さんは天草に知己が多く、蛇の目ずしで絶品のすしを食べたり、丸尾焼のすてきな陶器を買ったりしたあと、塩を作る人にも出会わせてくれた。本を読み碁譜を書きながら塩を炊く小屋にいるらしかった。

どんな仕事ですか。「海水が塩になるまでの介添え役です」。どんな性格の人が向いてますか。「ゆっくりした人」。『徒然草』ではないが「かくてもあられけるよ」とため息をつく。

天草を抜け、恵洋さんの故郷阿蘇に向かう。

わたし、三年前、大病をしてね。原田氏病といって原因不明の自己免疫疾患だったの。失明はとりとめたけど、ステロイドを使ったせいか頭痛や耳鳴りが止まらなくて。記憶力もひどく悪くなった、というと「そりゃ、まるで同じ症状だ」という。世界中をとびまわって調査研究を続けていた彼も、仕事のしすぎで一時体調を崩したらしい。博覧強記の彼が記憶力に不安を感じたらつらかっただろう。

半世紀を超えて生きてきた。おたがい三十年以上は働いてきた。少しは体の建て付けが悪くなったり、ほころびも出ようものである。共通の友だちも別の世界に引っ越した人もいれば、末期がんから生還した人もいる。彼らの近況も語り合いながら、もう思い出だけで生きられるね、同病相憐れむの会だね、というと馨ちゃんが「相励ますの会」と訂正してくれた。

阿蘇神社はその日、春の火振り神事。姫神さまの御輿入れを迎えようとわら束に火をつけて振り回す。子どもにかえってぶるんぶるんと振り回した。他人の迷惑を考えない人の方が回すのは上手みたい。三分咲きの桜がその火の輪で照り映える。阿蘇神社のヨミガエルという字が目にしみる。人生の中仕切りになんだかいいものを見た。

※阿蘇神社は二〇一六年四月十四日の熊本地震で重要文化財の楼門や拝殿が倒壊し、現在再建中。

第二章

湯の町でのんびり

山ひだの一軒湯——阿蘇・くじゅうの秘湯をゆく〈大分／熊本〉

「九州の温泉へ行きませんか」

「あら、由布院？　それとも黒川温泉？」

「いえ、そこはもう取材がすんでおりますので、それ以外の小さな温泉になります」

ということで、十一月の十日すぎ、福岡を出発。たしかに、九重、阿蘇の山ひだにすばらしい小さな温泉があるとは聞いていた。しかし何分、数が多くて覚えきれない。

途中、車で天領日田《ひた》を通り、小国町《おぐに》へ入るとまずは杖立《つえたて》温泉があった。川沿いの湯で、足湯などあるが、ややさびれた風情。町おこしで有名な小国町を通り抜けるころ、岳の湯、岐湯の白い煙が見える。タケノユ、ハゲノユと読む。縁起でもないって。

岳の湯は地熱がそこここから湧き上がる。そこにやかんをかけている人がいる。白地商店で二百円払って、店が持っている手づくりの露天風呂へ入れてもらう。オーイ雲よ、と話しかけたくなるような青い空。白煙もくもく。湯上りに温泉卵を食べる。つるんと白いムキ玉子。バス停に腰をおろし、塩をちょっとつけて。うまい。

「きれいになった」

とカメラマンの坂本真典さんがいうから、ふり返って山の風景をながめたら、

「ちがうよ、モリさんだよ、湯上りで」

うれしいな。女はいつもこの一言を待っている。いい気分で、今日の宿、壁湯温泉「福元屋」に到着。

「福元屋」は川沿いの崖にへばりつくような小さな一軒家だ。荷物を持ってくれた目の輝く男性が四代目の若主人で、お茶を運んできた色白の美女が若奥さん。

「家族で切り盛りしているので、土日に子どもと遊んでやれなくて」

とても小・中・高、四人の子がいるように見えない。断然、美少女だ。部屋は四畳半に縁側がついているだけだが、古色で渋め。野菊が一輪、卓にあった。

まず、「切石の湯」に入る。黒い切石で、天井が低く、なんとも落ち着く。「家族風呂」なんて色気のない名はやめて「隠《こも》り国《く》の湯」はどうだろう。

坂本さんと編集のKさん、

「恋人と来るのにいいね」

とニヤニヤ。男の考えることってたいてい……。

夕食は一階奥の大広間。民芸調というよりずっと渋い。馬刺し、コンニャクの刺身、ハヤトウリの酢のもの、豊後牛の鉄板焼、カボチャと竹の子とコンニャクの煮物、地鶏のポン酢あえ、しいたけとぜんまいのあえ物、山芋の茶碗むし、山女の塩焼、そばがき、柿とカボチャとヨモギの天ぷら、と十二品に、ご飯、みそ汁、香の物、果物がついた。これで一泊二食一万二千円とはすばらしい。

奥さんの手料理で旦那が配膳。コンロに着火。

「壁にかかっている半纏は何ですか」

「消防団に入ってましてて。サイレン鳴ったらすいません、飛んで行きます」

坂本さんがまぜ返す。

「消防団が火を付けていいのかい」

しかしそのあと「アユの塩焼きがうまいねぇ」と坂本さんがいったら「これはヤマメです」と一本とられてたけど。

聞けばこの宿は二年前にご主人自ら一部屋ずつ改装したそうで、

「ここも畳敷きで、舞台がついたカラオケ付きのよくある宴会場だったんですが」という。あとで改装前の写真を見たら、どの部屋も信じられないほど変わっていた。「女性の湯」に入りにいくと、先代のオクサンがいた。いっしょに湯につかった。

「うちは農家で、温泉が出るんで片手間に湯宿をやってたの。そのころは牛も飼ってたし、最初二部屋、つぎに三部屋とそんなに借金もせられんけん、増やしたからつぎはぎなのよ。豊後森からここに嫁に来たのは昭和三十一年。この岩風呂も土に埋まってたんじゃが、じいちゃんばあちゃんが東京見物に行ったから、その間に記念に掘ったとよ。そしたらこんなよか湯が出たばい。

そのころは食事も部屋出しで、階段を上ったり下ったり。ここで足だけ湯につけて、尻っぱしょりして、シーツも枕カバーも手洗いしよったたち。それから玄関前の台に広げて小麦練ってのりつけて、大変やったよ」とのこと。「まるでドラマのごつある」。

夜、坂本さんと編集のKさんと宿名物の露天風呂（混浴）、壁湯へ。ぬるい湯なのでいくらでもつかっていられる。スローライフ、スロースプリング。いのちのゆっくり温泉だ。帰りたくないよー。いつまでもいたかった。

二日目。宝泉寺温泉へ行けども名物石櫃《いしびつ》の湯は見えず、次の筋湯《すじゆ》温泉へ。筋湯温泉には岩ん湯、薬師湯、せんしゃく湯、打たせ大浴場の四種の共同浴場と足湯がある。どれに入ろうかな。肩の凝りをとるには打たせがいい。透明な湯だが、プンと硫黄の香り。

「福岡から毎月日帰りで来るんですよ」

といっしょにつかった奥さん。湯気の向こうの洗い場に横たわる細身の美女、と見えたのはそのお姑さんだった。親孝行ですね。「横になるとあちこちに湯があたるたい」。

私も真似してやってみた。うーん、そこそこ。

湯上りにはやっぱり冷たい牛乳だな。

山なみハイウェイを走り、三時過ぎ、垂玉《たるたま》温泉経由で「地獄温泉清風荘」へ。客室四十、自炊棟三十室、トレーラーハウス十戸。最大二百四十人収容の大湯治場だ。

すずめの湯は湯船の底から湧いてる。さっそく入った。もちろん混浴。まったく平気。裸は人間、自然の姿だもの。登山客や熊本のイチゴ農家の人と話す。

「どうしても源泉から運ぶうちに地球の贈り物である成分が発散しますわね。ここは源泉が足元から湧いてます」

と六代目ご主人。

「団体で来て騒ぎ、芸者をあげて遊ぶといったのをずっと苦々しく思ってました。マナーの悪いギャルも大嫌い。うちは昔から湯治宿です」

来てもらいたいのは温泉が好きな人。この環境が好きな人、病気を治したい人、ストレスを癒やしたい人。

「つかっていると湯が肌に当たってプチプチいう。それが雀の鳴き声に聞こえると」それで雀の湯というのかしら。

夜は「地獄鍋」。シカとカモを鉄板で焼き、イノシシ鍋も併設。

「イノシシも焼いて食うとうまいぞお」

と坂本さん。ビールで一眠りして、また深夜に風呂に入る。

「ハチに刺されて体がはれちゃって。ここへ来てずいぶんよくなりました」

「私、アトピーなんで夏中かゆくてかゆくて。やっと来れたの」

女同士の切実なお話。うーん、火山国でこれだけ温泉の恵みにあずかったら地震で死すとも本望じゃ、という気になった。

【福元屋】大分県玖珠郡九重町大字町田62－1☎0973・78・8754
宿のホームページにも記載されているが、「隠り国の湯」は私の命名ということになってしまった。
【地獄温泉清風荘】熊本県阿蘇郡南阿蘇村大字河陽2327☎0967・67・0005
地獄温泉は二〇一六年四月の震災、六月の土砂災害の被害を受けたが、復興中。二〇二〇年には宿泊再開とか。

明治の香りただよう宿――萬翠楼福住〈神奈川〉

都会のコンクリートジャングル（古いなあ）で暮らしているのだもの、たまに行く温泉の建物はビルでなく木造であってほしい。それでこそ都会の垢を落とし、ゆったりとお湯につかってよみがえることができる。

一九九六年に身近な文化財を登録する制度が国にでき、有形文化財の温泉宿は増えている。行くたびに大工や左官の職人技にうなり、心豊かになれる。渋温泉金具屋、松之山温泉凌雲閣、湯ヶ島の落合楼村上、三朝温泉旅館大橋はじめすばらしい。未登録、未指定でも文化財と呼べる宿はある。

箱根も有形文化財の宿が多いうれしい地域。久しぶりに新宿からロマンスカーに乗った。まあ、なつかしい響きだこと。もうロマンスには縁のない年だけれど。あっという間に湯本に着いて、緊張感をほぐそうとおそばでお昼。今日は日本で唯一、泊まれる重要文化財、萬翠楼福住に泊めていただく。入れる重文・愛媛の道後温泉本館は体験済み。萬翠楼は森鷗外の『青年』にも登場するから、ぜひ一度は泊まってみたかった。

早川のたもと、湯本の名旅館として知られるが、行ってみると玄関のあたりはさして歴史的建造物とも見えない。

民芸風のロビーを入って右奥に続く金泉楼、萬翠楼が重要文化財とのこと。

建てられたのは明治九〜十一年、「松本の開智小学校などと同じく、江戸生まれの大工が西洋風を見習ってつくった擬洋風ということになりますね」というと、主人は「そうです。十代目福住正兄《まさみ》が棟梁を新橋ステーションや兜町の第一銀行など、あちこち連れ歩いてつくらせたそうです」

湯本温泉の開湯は七二九年と伝わるが、江戸時代、東海道の旅人は宿場でない湯本には泊まることが許されなかった。明治となり、この土地の名主で、二宮尊徳の弟子でもあった福住正兄が福沢諭吉の進言で道路を整備し旅館を建築、棟梁はおそらく三宅安吉、小田原の腕のいい大工ではないか、という。明治九年建築の金泉楼は三条実美《さねとみ》、十一年の萬翠楼は木戸孝允《たかよし》の命名で、ふたりの書も残されている。

山は暮れるのが早い。まずは光が差し込む風呂につかることにする。単純泉だがとろりとして身にまつわりつく。タイルの内装はちょっとアラビックで、蒸気がきらきら光り、丸い湯船からかけ流しの湯があふれる。風呂から上がって館内を見学。私の部屋は金泉楼の三階。日当たりもよく清潔だ。寝そべって部屋を仔細に眺める。

漆喰の折り上げ天井、隅にある通気口のような飾り、屋根や雨戸は鉄板、螺旋状の階段、縦長の上下する窓。するすると窓を開けると隣の萬翠楼の石造りの外観が見えた。畳の部屋なのに、所々に洋風が加味されている。欄間の絵もすばらしい。

こんなふうに部屋をあちこち体感し、由緒あるからこそ残っているお軸や絵画、調度品を味わうのが好き。部屋に寝て扁額の書が読めず、夜がしらしら明けたこともある。

他の部屋にも天井絵や木製釣りランプ、細かい桟の障子、鋼板の防火シャッター、白檀の床柱、明治の板ガラスなど、見所満載でため息をつく。

明治の大工はどう工夫し、どこで遊んだか。いまではつくれそうもないものばかり。この空間にいられるだけでなんという贅沢。お料理も過不足ない量と質であった。

土佐の名君・山内容堂が亡くなる前年にこの旅館に逗留して書を書き、明治になって長州の木戸孝允が亡き容堂を偲んで詩をつくり、また訪れた井上馨が亡き倒幕の同志・木戸を偲んで書を残す。不思議な連環である。

木戸の号は松菊《しょうぎく》、伊藤の号は春畝《しゅんぽ》、井上は世外《せがい》、吉田茂は素淮《そわい》。徳川慶喜、福沢諭吉などの書もあり、人柄が感じ取れるような。それぞれの人間関係などを想像して歴史好きにはこたえられない。

翌日、わが泊まった部屋が声楽家・藤原義江《ふじわらよしえ》とあきが許されぬ恋の末、あつあつで泊まった部屋と聞いて驚く。

塔ノ沢の福住旅館も見せていただいた。こちらは竹を印象的にあしらった建物で、藤村、露伴、林芙美子、川端康成、大佛次郎など文人の宿だ。環水楼、一の湯、三河屋などの登録文化財にも泊まってみたい。日本文化を守るには客となるのが一番のようである。

【萬翠楼福住】神奈川県足柄下郡箱根町湯本643☎0460・85・5531

木戸孝允（号：松菊）の書

萬翠楼の重要文化財部分

私の好きな共同湯〈福島／宮城〉

高校のころから温泉が好きで、仕事のあいまに入っている。働き過ぎからか、体調をくずしたらとりあえず温泉へ。

いまは宮城県丸森町というところに畑を借り、月の三分の一ほどは耕したり考えたり本を読んだりしている。東北が好きなのは母の山形は鶴岡の血、父の宮城は丸森の血が騒ぐのかも知れぬ。奥羽越列藩同盟の血のせいか、幕末の上野戦争に関わる『彰義隊遺聞』という本まで書いてしまった。

丸森はなんの変哲もない里山の農村だが、何もないのが心やすらぐところである。そしてここを根城にして、電車なり、運転する友だちに運んでもらえば、大好きな温泉通いができることに気付いた。

たとえば、上野から福島へ新幹線で行き、ＪＲの長い路線橋を渡って阿武隈《あぶくま》急行に乗り換え丸森へ向かう、というのが通常ルートであるが、なんと阿武隈急行の来るホームの先に、福島交通飯坂《いいざか》線が待ってたりすると、つい乗ってしまう。めざすは共同湯「鯖湖《さばこ》湯」。少し熱いがヒバづくりの清々しい温泉だ。松尾芭蕉も入ったとのこと。帰りに餃子の「照井」でこんがり焼けたのを一皿。この店、夕方しかやっていないが外に足湯があって、ネオンの温泉街を見ながらビールに餅子もいい。

丸森の畑で流した汗を落としたいと思ったら、小原《おばら》温泉。目に効く透明な単純温泉で、渓流沿いに二百円で入れる公営「岩風呂かつらの湯」がある。「いづみや」、「かつらや」（二〇一七年廃業）、「しんゆ」の立ち寄り湯もいい。

新地との境にある鉱泉「鹿狼《かろう》の湯」は名前は怖いが、町を見下ろす露天風呂が気持ちいい。入口で巨大なタケノコ一本二百円で売ってたりして。

白石あたりに出たついでに、市街地から十分ほど車で上れば、傷に効く名湯鎌先《かまさき》温泉。古い構えの「最上屋《もがみや》旅館」の源泉はとろっとした黄色い湯。露天はないが泉質は確か。この正月は一泊三千円でここで自炊湯治を楽しんだ。元禄元年創業の木村屋の泉質もよい。も少し元気があれば丸森から四五七号線をまっしぐら。遠刈田《とおがった》温泉の共同湯「神の湯」がある。以前は「上の湯」といった。ほかに「壽の湯」もある。素木の大きな建物。遠刈田も鎌先もこけしの名産地。遠刈田はいかにも温泉場で、小さな商店街もあり、すし屋や焼肉屋もあって、ここらに四畳半でも借りて一冬、読書と湯治に明け暮れたい、というのが私のひそかな望み。

もう少し行くと青根《あおね》温泉。「不忘閣《ふぼうかく》」、「青嶺閣《せいれいかく》」など老舗旅館の湯もいいが、共同温泉「じゃっぽの湯」が最高。前は「大湯」「名号湯《みょうごうゆ》」があったが、それがなくなって代わりにできた。「古賀政男記念館」のスタッフも親切だ。この蔵王へ向かう街道沿いにはソーセージ料理の「ベルツ」、オムライスの「森の芽ぶきたまご舎」はじめ、おいしい店も結構多い。最後に蔵王のお釜まで上れば「やったァ」という気分になるコース。

しかし私がもっとも愛するのは、東北温泉の雄、鳴子《なるこ》。鳴子温泉郷といって、日本にある十一の泉質のうち八種まで入れるという。

まず最初に川渡《かわたび》温泉へ行く。脚気《かっけ》川渡というくらい足に効く温泉で、私の好きなのは山ふところの宿「みやま」だ。板垣幸寿さんがお母さんと妹さんたちと経営している静かな宿。第一にここのご飯がとてもおいしい。野菜中心のメニューだけど、食材が新鮮で熱々を運んでくれるから。第二にお湯がやや硫黄を含んだぬる目の単純温泉でいつまでもつかってられるのだ。第三に建物がすばらしい。まわりに家がなくて静寂そのもの。そして木組の新館は電気温風ヒーターでなく、パネルヒーターが館をじんわりあたためる。乾かないし静か。室内に冷蔵庫もないのがうれしい。病気を得てからそのことが宿を選ぶ基準になった。

それにしても旅とは静寂を求め、静寂の中で心を見つめるものである。なのに日本の宿はたいてい自宅よりうるさい。全館冷房のエアコンの音、何も入っていない冷蔵庫の音、廊下の自動販売機の音、となりの客のテレビ音、はめをはずしたドンチャン騒ぎ、男と女の痴話喧嘩。そんなものに何度まどいの夢を破られたことか。そんなことは「みやま」ではありえない。

「みやま」に泊まり、畑中の道を歩いて共同湯「川渡温泉浴場」へ行く。こちらは含硫黄・ナトリウム・炭酸水素塩泉で、ちょっと黄色い湯である。料金は二百円。かなり熱い。うめたくてもうめようがないし、土地の人は慣れているのか涼しげな顔で入っていらっしゃる。

二泊目は「藤島旅館」。いかにも湯治場という感じの大きな木造旅館。入口上ったところに宮尾しげを、池部鈞《きん》（良のお父さん）、岡本一平（かの子の夫）などがここに逗留したときの寄せ描き。ここのお湯は広々として窓も大きく、入浴のみなら二百円。「真癒《まゆ》の湯」というから私の家みたいだ。

駅からどんどん日帰り客がやってきて、常連らしくおしゃべりに夢中。売店もあるし、広い廊下のベンチも使えるしと、まさに共同浴場といってよい心広き宿。若い女性二人と出会ったのだが、この方たち、近くの東北大の研究所にいて、藤島旅館に下宿しているとか。どんなに研究で夜遅くなっても温泉に入れるのがうれしいとか。

ここのご主人は上品でおだやかな方だが、この宿、実は戦争中、浅草区の小学生を集団疎開で引き受けて下さっていたと聞き、感銘を受ける。

三泊目は東鳴子温泉「旅館大沼」だ。ここも本館は古い日本家屋だが、隣に立つビルの客室を湯治用に活用している。大沼旅館は内風呂もいくつかあって、これもいいが、ちょっと離れた山の中にすばらしい露天があって、番頭さんが車で連れていってくれた。三十分一人占めである。

若主人は立教大学観光学科を出ただけあって、いまの時代の温泉旅館のあり方を模索し、さまざまなチャレンジをしている。湯治客にご飯と味噌汁のご飯セットを三百円で出すとか。面倒臭がりの私なぞ、あと梅干とのりとコンビーフ缶かなんか、前の萬屋で買えばいい。また鬼首《おにこうべ》の寒冷地に合ったコメを応援する〝田植え湯治〟とか。私は〝聞き書き湯治〟にいそしんだ。近くの「いさぜん旅館」はじめこの近在の宿は、同じく旧浅草区の子どもたちを受け入れて下さったところ。その受け入れる側のご苦労を聞いて歩いた。

東鳴子温泉から、となりの鳴子温泉まで、トランクを引いて歩く。途中、名物栗まんじゅうで一服したりして。

駅前の喫茶店でオムライスを食べる。店主によれば、硫黄で金属にはさびが出るし、家も傷むし大変だそうな。

まず共同湯「早稲田桟敷湯《わせださじきゆ》」へ向かう。一九九八年、石山修武研究室がつくったコンクリートの浴場で、空間はすばらしいのだが、コンクリートが硫黄分に弱いということがよくわかる。木造の建物は硫黄分にやられても良い感じなのに、コンクリは汚れた感じになる。メンテナンスが大変だろうなーとつかっているが、土地のオバちゃんたちはそんなこと気にしない。「アーいい湯だ」「さっぱりするー」とうれしそう。土地の人はタダで入れるから、共同湯の共同湯たるゆえんだ。

早稲田大学教授の石山さんがつくったから早稲田湯というのではない。一九四八年、終戦の三年目に、早稲田の角帽をかぶった七人の学生がやってきて、ここで温泉ボーリングの実習を行った。夜中までかけて、ついに温泉を掘り当てる。宿の人、町の人と学生たちの交流から、早稲田桟敷湯の名がついて今日にいたる。

今日の泊まりは「ゆさや」。主人は遊佐さんといって、伊達藩の命を受けて共同浴場「滝の湯」を代々守り続けてきた家である。建物は国の登録文化財だが、中のしつらいは古びてもなく、今風でもなく、昭和三十年代くらいのモダンな民芸調でいいかんじ。

ここの内湯がすばらしい。アルカリ性の強い、肌にぬるっとくるので「うなぎ湯」と呼ばれてきた。緑色の芒硝泉《ぼうしょうせん》だが、湯の色は毎回変わるという。白くなったり、透明になったり、ときにはカラス色に。これはとなりの共同湯の硫黄泉の蒸気と化学反応を起こすのだとか。

三の膳付きのおいしいご飯のあと一休みして、浴衣でぶらぶら滝の湯へ行った。ゆさやさんが滝の湯を管理しているので、泊り客には無料の券をくれた。総檜造り、源泉から湯を受けた木樋が窓から入り、湯滝になって落ちる。これだ、この匂い。私の大好きな強酸性硫黄泉。地元の人のおじゃまをせぬように、隅の方で足をのばす。白濁した湯に洗われ、木目の浮いた洗い場を「おぬしも長いことようやるのう」となでた。

※二〇〇八年六月十四日の宮城内陸地震で、鳴子は六、七月で二千八百人ものキャンセルが出たという。

●飯坂温泉

【鯖湖湯】福島県福島市飯坂町湯沢32☎024・542・4223

【照井・飯坂本店】福島県福島市飯坂町錦町1－21☎024・542・4447

●小原温泉

【岩風呂かつらの湯】宮城県白石市小原字坂上66☎0224・22・1321

【いづみや】宮城県白石市小原湯元9☎0224・29・2221

【しんゆ】宮城県白石市小原新湯5－3☎0224・29・2321

【鹿狼の湯】福島県相馬郡新地町杉目飯樋50☎0244・63・2617

【最上屋旅館】宮城県白石市鎌先温泉1－35☎0224・26・2131

●遠刈田温泉

【神の湯】宮城県刈田郡蔵王町遠刈田温泉仲町32☎0224・34・1990

【壽の湯】宮城県刈田郡蔵王町遠刈田温泉旭町5－1☎0224・34・1990

●青根温泉

【不忘閣】宮城県柴田郡川崎町青根温泉1－1☎0224・87・2011

【青嶺閣】2007年に閉館

【じゃっぽの湯】宮城県柴田郡川崎町青根温泉9－1☎0224・87・2188

【古賀政男記念館】宮城県柴田郡川崎町青根温泉10－1☎0224・85・3122

【ベルツ】宮城県刈田郡蔵王町遠刈田温泉字遠刈田北山21－12☎0224・34・2001

【森の芽ぶきたまご舎】宮城県刈田郡蔵王町大字円田弁天10－8☎0224・22・7711

●川渡温泉

【みやま】宮城県大崎市鳴子温泉要害91☎0229・84・7641

【川渡温泉浴場】宮城県大崎市鳴子温泉川渡25－29☎0229・83・3441

【藤島旅館】宮城県大崎市鳴子温泉字川渡84☎0229・84・7412

●東鳴子温泉

【旅館大沼】宮城県大崎市鳴子温泉字赤湯34☎0229・83・3052

【いさぜん旅館】宮城県大崎市鳴子温泉赤湯11☎0229・83・3448

●鳴子温泉

【早稲田桟敷湯】宮城県大崎市鳴子温泉新屋敷124-1☎0229・83・4751

【ゆさや】宮城県大崎市鳴子温泉湯元84☎0229・83・2565

由布院の奥深さ——農と温泉が結びついた町〈大分〉

博多駅からグリーンの車体の「ゆふいんの森」号で二時間。このゆったりした入り方がこの町にはふさわしい。やがて黒く小ぢんまりした駅舎が見えてくる。磯崎新氏設計の建築ではいちばん好きだ。

由布院温泉、もう何回目だろうか。

最初は金鱗湖の朝霧、畔の共同湯、バロック音楽が流れる喫茶店、そんな女性誌のグラビアに憧れたこともたしかである。しかし東京で地域雑誌を創刊、建物や環境保全の活動を始めていた私には、自分よりも十年も町づくりの先輩「亀の井別荘」主人中谷健太郎さんや、「玉の湯」主人溝口薫平さんと会ってみたい、という思いの方が強かった。そして私はふわりと受け止められた。以後、おつきあいはつづく。

このお二人と「夢想園」主人故志手康二さんの三人組が、五十五日のヨーロッパ貧乏旅行をし、これからは名所旧跡や団体旅行型の観光温泉ではなく、健康のための、個人客を大事にする滞在型保養温泉をつくらにゃいかん、と帰ってからの獅子奮迅は、町づくりの成功事例としてほとんど神話化している。

それは大正十年ころ、別府で亀の井旅館を経営していた油屋熊八が金鱗湖周辺の土地を得て、犬養木堂や高松宮を、「山の上の塵外境に車でお連れ」した気持ちとも通じている。これが亀の井別荘の発祥である。

大正十三年には日比谷公園を設計した有名な林学者本多静六が来てドイツのバーデンを紹介し、「由布院温泉発展策」と称し、「美しい環境、十分なる日光、新鮮な食物」を大切にせよと呼びかけた。

種は相当早く蒔かれていたらしい。

このところ飽きやすいマスメディアや文化人の中には「由布院は俗化した」「黒川温泉の方が旬だ」などという人がいるが与《くみ》したくない。たしかに、年間四百万人という観光客の四分の三は日帰り客。これは「憧れの由布院」を目玉に、実際は大型バスで来て一、二時間散策させるだけという旅行社が悪い。評判になればもうけようと店を出す外来者も後を絶たない。そうしたことと長い年月、どんなにこの町の人が闘ってきたか、私はよく見て知っている。

ただ今回はいつもと違う人に会ってみたいと思った。

駅前の「南の風」。このレストランにたいてい立ち寄る。カレーライスを食べながら主人の田井修二さんに聞く。

「由布院はもともと農業の盆地なんだから、農業者を大切にしなくちゃ」と店で使う野菜を作っている赤坂昌紀さんの畑へ連れていってくれた。

駅の裏手の畑で夫妻で働いている。

「繊維会社に勤めて転勤族、最後に住んだ奈良で農業を、と思ったけれど土地がなくて。たまたま姪が大分県庁にいて、ここを世話してもらいました」

農業の夢は夫唱婦随。農業大学にも通い、話好きな奥さんはすぐ土地に溶け込んだ。

「となりの庄内町の方が温かいけど、ここは消費者と近いでしょう。お店や旅館に届けてますし、農協を通さずAコープの産直などで売ってもらっています」

作っているのはチコリ、アーティチョーク、カブカンラン、フェンネル、イタリアンパセリ……。一風変わったものが多い。

「この前もイタリア料理のシェフになった田井さんの息子さんが、イタリアから野菜の種をもってきて下さいました。何より由布岳を仰ぎ見ながら働けるというのが幸せ」

旦那さんの幸せは？

「家には温泉も引いてあるし、自分の育てた野菜で一杯というのがこたえられません。山登りも好きですし、関西から友人もよく来てくれます」

由布院という地名の引力だろうか。

もう一軒、江藤雄三さんという農家を訪ねると、折しも旅館「草庵秋桜《こすもす》」の料理長新江憲一さんが来ていた。お二人は八年前、とある会合で出会った。

「何してんの」「農業」「何つくってんの」「ホウレンソウ」「もうかんの」「もうからん」。そんな会話が交わされた。翌々日、新江さんは畑へ赴き、それから一年通ったという。

「いくら大分は一村一品いったって、農協のいうなりにホウレンソウ作るのやめれ。オヤジが酒飲んで農業はもうからん、つまらん言うとって誰があと継ぐか。よし、オレがお前、ベンツに乗れる百姓にしたる、といった」

新江さんは福岡出身、レーサー、ボクサー、ホストを経て料理人に。

「でもオレ、修業はきらいなの。きついのつらいのイヤ。『秋桜』で、オレの作る料理は全部おいしかった。三年で料理長になった」

旅館経営で板長をつかいこなすことほど難事はない。テレビドラマの題材にもなるほどである。悩んだ別の旅館の女性が「新江さんを貸して」といったそうだ。貸した秋桜の太田女将も太っ腹なものだ。かくして新江さんは「由布院料理研究会」をつくり、旅館全体の料理の質的向上にとりかかる。

「地産地消というけど口でいうほど簡単じゃない。ある時期はナスばっかりとれる。揚げたり焼いたり、煮たり、漬けたり、グラタンにしたり、シャーベットにしたり、あらゆることをやりましたもん」

料理長の新江さん、客を名物朝霧ツアーに案内し、帰りに江藤さんの畑へ寄る。「召し上がりたい野菜を自分で摘んで下さい」それで朝食を出してまずいという人はいないだろう。

「旅館なんてのは一泊二食のマヤカシですから。どんなに気持ちよくだましてさしあげるかです」

と過激なギャグでニッコリした。新江さんはあす、ミラノに旅立つ。ミラノに店を出しヨーロッパ中の町づくりも見て歩くつもり。

「でもオレは帰ってくる。オレの一生の一番の輝きは中谷健太郎って人と出会えたことだから。ここしか死に場所はありません」

ちょっとジーンと来た。カッコよすぎる言葉を残し新江さんが畑から去ったあと、江藤さんがポツポツと語り始める。

——それでベンツには乗れたんですか。

「いやあ、もうちょっと。でも夢が持てた。野菜を育てるのが楽しくなりました。なぜって最終的な姿が想像できるから。新江さんからの注文の電話が来たら、何に使うの、オーケー、わかった、それだけです。ラディッシュは酢に漬けるときれいな赤い色が出る。タイのアラでだしをとって水菜のしゃぶしゃぶをするとうまい。そういうことがわかったから。健康が最大価値となったこれからの料理は、野菜が主役でしょう」

由布院には、畜産に携わる農業者もいる。浦田健治郎さんは酒屋に育ち、山麓で自分で牛を飼い始めた。

「医者や建築家になるのもいいなと思ったんですが。北海道の農業専門学校へ行ったことから酪農にめざめ、イリノイ州の牧場で二年働きました。やっぱり売るより作ることをしたい、大もとのことだから。

大変なのは、休めないことですね。飼葉づくり、牛舎の掃除、毎日手が抜けない。三十頭が一年一産として月二回はお産があるしね。まるで牛乳生産工場で働いているような気がしだして、最近チーズづくりを始めました」

チーズほど非効率なものはない。十リットルの生乳が一キロのチーズにしかならない、といいながらうれしそうに作業室を見せてくれた。笹の葉や桜の葉で包んだチーズが大切に寝かされている。これも旅館の売店などで売っている。

「今日は江藤さんと浦田さんに会いました」と中谷健太郎さんに報告すると「そうか、彼らも呼ぼう」とその夜は亀の井別荘の食事処「湯の岳庵」で大宴会に。卓の主役には江藤さんのルッコラやラディッシュ、浦田さんのチーズ。これが中谷さんの心づかいだ。

翌日。キリシタン墓地を見に行く。その昔、ここには千人ものキリスト教徒がおり、禁教ののち、墓にはひそかに十字が刻まれた。「権力への抵抗」はそれ以来の遺伝子か。由布院の人たちは環境を壊すゴルフ場計画、日出生台の日米合同演習、地方分権に逆行する三町合併に反対して果敢に闘い続けてきた。

お昼、駅前の食堂「ととや」に親子丼を食べにいく。手を休めずに女主人中司絵津子さんは話す。移住組のお一人である。

「二十年前、娘がお金を貯めて『玉の湯』に泊めてくれた。それですっかり由布院が気に入り、玉の湯の溝口薫平さんに、手紙を書きました。ご丁寧な返事をいただいて、旅で来るのと住むのとはちがいますよって、それでも来たかった。そしたら溝口さんが中谷さんに紹介して下さって、亀の井別荘に五、六年勤めたあと、ここで店を始めました」

つやつやした地卵を割った、ほのかに甘い親子丼。「土地の人から声をかけてもらうまで、かかるんですよ、時間が」といいつつ、すっかり「土地の人」になっているように見える。

午後、「クアージュゆふいん」へ。出来たときはいかにも行政がつくった観光施設だったが、いまは住民の健康センターに変身。立役者は保健師の森山操さん。

「元気なお年寄りをつくるのが目標です」

そのうち近くの厚生年金病院の入院患者さんや定年後の別荘族も来るようになった。

「ここに来ると退院が一ヶ月早い。東京や横浜の方もいます。町では障害者でも、ここへ来ると水中歩行のリーダーです。最近は福岡から水中歩行ツアーの団体も見えました」

「クアージュ（＝健康増進）」になる名前の本来の意味を発揮しつつある。

夕方、山沿いの宿「夢想園」の広い露天風呂に入りに行く。夕もやの中に一つ裸電球が浮かぶ。その向こうに町の灯。

町づくり三人組の一人志手康二さんが早く亡くなられたあと、妻の淑子さんが女将として切り盛りしてきた。若主人は娘婿の史彦さん。

「情報関連の会社に勤めていて彼女と出会いました。まさかその実家の旅館を継ぐとは。でも子どもを自然の中で育てたいと思って」

「由布院に百軒旅館があれば百通りの生き方があっていい。うちは高級旅館ではないけど風呂だけは自慢です。源泉が五本あるし」

その通り。由布院は高級旅館ばかりではない。一泊二食九千七十五円の「御宿天日」や、朝食付五千九百二十五円の「ゆふいんフローラハウス」など民宿やペンションスタイルの宿もある。泊まって、散歩して、土地の人と話して、いっしょに映画を見て初めて由布院のよさがじわじわとわかってくる。ここは夢をもつ人を拒まず、励ます町だ。農と食と仕事が有機的に連環する町だ。私にとって第二のふるさとになりつつある。

〈その後〉

イタリアン「南の風」は駅前から駅の裏手に引っ越してご盛業。赤坂さんは自家消費だけの畑に縮少。新江さんはイタリアから帰り、由布岳の見える地に「山椒郎」を開店。

【亀の井別荘】大分県由布市湯布院町川上2633－1☎0977・84・3166
【玉の湯】大分県由布市湯布院町川上2731－1☎0977・84・2158
【山のホテル夢想園】大分県由布市湯布院町川南1243☎0977・84・2171
【南の風】大分県由布市湯布院町川上3616☎0977・84・5301
【草庵秋桜】大分県由布市湯布院町川上1500☎0977・85・4567
【ととや】大分県由布市湯布院町川上新町3052☎0977・84・5133
【御宿天日】大分県由布市湯布院町川上2730－3☎0977・85・2240
現在は一泊二食付で一万千円（税込）。
【ゆふいんフローラハウス】大分県由布市湯布院町川南71－1☎0977・84・2718
現在は一泊朝食付で八千八百円（税込）。
【山椒郎】大分県由布市湯布院町川上2850－5☎0977・84・5315

山形いでゆ紀行〈山形〉

夜遅くまで仕事をした疲れが出て、ぐっすり寝た。山形新幹線は狭軌をゆるゆると走って、目が覚めると外は雪景色だった。

終点の新庄から車で一時間、雪溶け水で川が速い。春も近い。寿屋でそばを食べた。板そばといって、四角い台に盛られた、太い腰の強いそばである。薬味のねぎは付くが、わさびは用いない。濃い目のつゆが口に合う。

今宵の宿は肘折《ひじおり》温泉「丸屋旅館」。いかにも山の温泉宿だ。狭い道いっぱいにガラス窓が開いている。これももとはサッシにステンレスでなく、障子戸に木の手すりだったのであろう。さぞ寒かったに違いない。中はよく昔の面影を残していた。

若主人の三原玄さんはスキーのクロスカントリーで鳴らした方だが、お父さんが倒れ、母親一人で切り盛りする宿を見かねて帰ってきた。

私は二階の八畳間を占有。石油ストーブ、こたつ、煙草盆、マッチ、一つ一つがなつかしい。かつて家にあり、いまはないものばかりである。湯治宿らしく、床の間はあるが押入れはない。隅に夜具が積んである。

とりあえず町をそぞろ歩くことに。狭い道にバスが通る。学校から荷物をどっさり持って小学生が帰ってくる。山の早い春休みが始まるらしい。古いままに残した宿もあれば、鉄筋の数階建てにした所もある。古い木の家はたいてい風除け、雪除けの半透明の波板で囲ってある。

松屋、という旅館がある。帳場では少女が宿題をやっていた。名物洞窟乃湯《あなゆ》はかがねば進めぬほどの素掘りトンネルの先だった。

泉質は、ナトリウム・塩化物、素酸水素塩温泉。効能は、きりきず、やけど、慢性皮膚病、神経痛、筋肉痛。五十肩、関節のこわばり、うちみ、くじき、疾病、冷え性、疲労回復……。とみんなで読んでみる。どれも思いあたるような。

「うちは代々高山松蔵を名乗ってまして、三代目が明治の末に旅館を始めました。それまでは山の仕事でしょう。最初、内湯がなくて本家の高見屋の湯をゆずりうけまして、あそこまでうちから岩盤を掘ったんです。さあね、自分で掘ったんでしょうか。なんでも途中で資金が足りなくなって、どなたかの共同出資を仰いだそうですが。本家の方はとっくに旅館を廃業してしまいました」

やさしい女将さんはとつとつと話してくれた。帳場の少女を「孫です。小学二年生で」というとき、にわかに顔がほころんだ。

数歩歩くと三浦屋旅館である。この家も代々三原半三郎を名乗り、丸屋の親戚だ。バラ色の頬の元気な奥さん。「丸屋さんのおじいちゃんがここで生まれた人です」というからこっちが本家らしい。

家のつくりはよく似ている。広い空間があって、道に面して内湯があって、その脇から二階の旅籠へ階段がのびる。明治末の温泉分析表が掲げてある。黒板に金の文字だ。

「汚れるたびに拭いていたら、ずいぶん金が薄れてしまいました」

二階の客間、表に面して半間の廊下が通る。部屋は一つ一つに床の間がつき、軸や扁額がある。

「昔は農閑期にみなさん長逗留されたものらしいです。この小さな旅館に百人くらい泊まって、みんなお互い行ったり来たり、部屋で茶飲み話をして。あんまり混むとうちのおじいちゃん、おばあちゃん、家族の部屋をあけ渡し、お客様の間に雑魚寝したらしいです」

プライバシーなんていわず、湯治場で交流するのが楽しかった時代。

「農作業が大変ですから、農閑期に入る前と後と、冬に一度、年三回はみなさん二週間ずつくらい、湯治場で過ごしました。毎年決まった時期に長逗留される方がいます。ここで知り合って、仲良くなり、毎年、日を決めて会うのを楽しみにしてらっしゃる方もいて」

女将さんの仕事は大変でしょう。

「嫁いで二十五年になります。最初のころは、前の晩、何をお客様にお出ししたか忘れちゃって。もう頭の中真っ白でした。いまは一週間分くらいなら覚えていて、毎日違うものをお出しします。味付けも庄内の方には甘く、東京の方には薄味にとか。年配の方は魚や野菜を喜ばれるし、太った方はダイエットになるって……」

そういえば女将さんも玉のお肌……。

「来た直後は、顔中吹き出ものがパアッと出ました。ここの湯は強いんです。毎日入っているると体中の毒素が出るらしくって。

毒が出るのにふつう三日、人によっては一週間。私もすきまなくぶつぶつが出まして、三ヶ月くらいしたらすうっと収まりました。手もがさがさになって。体調の悪い人が入ると湯あたりしますし、お酒を飲んで入るとぐるぐる目が回りますよ。と口をすっぱくして申し上げてるんですが。聞かないでバタンと倒れる人もいますねぇ」

源泉が二つあって、表側の湯が濃く、奥の湯はやや薄めで、冷めが早い。といっても共同浴場ほどではないという。

「もちろんかけ流しです。湯舟が大きくなると混ぜんとならんけど、うちあたりは小さいから源泉そのままです」

この指摘にはハッとした。広々とした湯舟をよしとしがちだが、狭い方が保たれる湯の質というものがある。

また数歩歩くと、斎藤茂吉が泊まった松井旅館がある。最上の部屋だったが隣に家が建ち、暗くなってしまったという。茂吉の残した短冊を見せていただく。

「昭和二十二年の秋だと思いますけれど。戦時中、大石田に疎開してらしたのでお弟子の板垣家子夫《かねお》さんをお供にいらっしゃいました」

しびんの代わりにバケツを携帯して来たという。晩年の話である。

肘折のいで湯浴みむと秋彼岸の
狭間路とぼくのぼる楽しさ

など万葉仮名で短冊三折があった。

「旅に出る前、私は斎藤茂吉さんに逢った。出羽の温泉の優れた処を教えて下さいと言ったところ、白布の外は肘折だなあと話された……」と折口信夫『山の湯雑記』にある。地元上山出身の歌人が大阪生まれの歌人に温泉を指南したのである。

「やっぱり肘折はよかった。新庄からあんな奥に這入って行って、ああいうがっしりした湯の町があろうとは思わなかった。どの家も大きな真言の仏壇を据えて、大黒柱をぴかぴかさせて居ようと謂《い》った処《ところ》である」

さすが民俗学者、たしかにこの家の居間にも、大きな仏壇が鎮座する。炉が切られ、送迎用の唐傘、そして先々代の写真が長押の上にある。番頭さんは、

「私も体をこわしてここに湯治に来た。一年ぐらい遊んでみようと思ってそのまま、ここのおじいちゃんに誘われてずるずるべったりになってしもうた。家は農業だったから、お客さんに接するのは大変だったな」

とこれも考え考え話してくれた。写真ではこわそうだが、先々代はとってもやさしい人らしかった。

山の少し奥にこけしを作る工人がいると聞いて訪ねる。鈴木征一さんという。

「下に温泉あるからここらは風呂がないうちが多いよ。私は父が東京に出て芝浦電気につとめたので、昭和十九年に大井で生まれはしたんですが、疎開して以来ずっとこっちです。

この辺は寒くて、雪で冬がつかいものにならん。農業も採算とれないんだ。私のころまで男は冬は出稼ぎでした。私も十年ばかり行ってました。だからこけしを始めたのは遅い。奥山庫治という師匠について、二十七、八歳からですから。

昔は木地師といって風来坊みたいにあちこち回る人がいて、遠刈田、鳴子、いろんなところにこけしを伝えました。湯治に来る人が孫のおみやげに買う、所詮子どものおもちゃですから、そう古いわけでもないし、伝統工芸というほどのものでもない。作る人も少なくなりました。いまの人は計算早いから、こんな割の悪い仕事はしないよね」

イタヤカエデの木を用いる。それを割って、寝かせ、ろくろでひく。こけしの頭の中は空洞で、まるでカッパのように頭頂部分をはめ込むのだが、はめ込んでろくろでみがくと、あら不思議、継ぎ目など見えないのだ。

「全部勘だから。頭の中にあずきを入れて振ると音がするように、空洞にしてるわけです。ほら」と振ると、シャラシャラいい音がする。

顔料を湯で溶き、面相筆で顔と胴の菊の花模様を描いてでき上がり。

「顔を描くのは朝早くの仕事です。昼は来客が多くて集中できませんから。白ろうで仕上げはしますが、つやのない方を好む方もいる」

全国にはこけしファンがいて、鈴木さんの作品を十も二十も集める人がいる。その全国への発送も仕事のようだ。そういえば、壁一面こけしで埋めてる人もいますね。

「お医者さんとか学校の先生が好きだね。一日神経使う仕事をして、癒やしや和みを求めるんでしょう。人によってはこけしの顔はこわいという人もいるけど」

伊之助型という古風な小型のこけしを一つゆずってもらう。大事にするつもりだ。

丸屋旅館へ戻り、ゆっくり湯につかる。六時半に夕食だった。山菜料理が存分に出た。また風呂につかりうとうとする。気がつくと障子の外が白くなっていた。

朝、若主人の三原玄さんに話を聞く。

「ここの湯が開かれたのは大同二（八〇七）年といわれています。地蔵のお告げという開湯伝説がありまして。その後、月山、湯殿山への登山ルートとして修験者の来る湯でした。昭和三十年ごろから湯治客が多くなり、そのころは屋根は茅葺きの平屋でした。山のものや山菜しかお出しできませんし。お客は宿料の代わりに米を持ってきた。骨折などした人は田畑売り払って長逗留したそうです。

温泉療法とは、あくまで自然治癒力を高めることで、一日目に一回、二日目に二回、三日目は三回とだんだん体を慣らしていきます。四日目は休む、そして帰る日に合わせ、また回数を減らしてゆく。これで湯治の効果が上がるんです。浴衣はお湯のしめりをとりながらも、温泉の成分を体にしみ込ませるためにあります。ここに来られたとき歩けなかった方が、スタスタ歩いて帰る。杖を置いて帰られる。そんな効能は何度も見ました」

お母さんの話。

「新庄、村山、庄内、それぞれ農作業の時期がちがうので、おいでる時期もちがいますね。亡くなったおばあちゃんからおそわって、山菜とりをして、それを塩蔵して一年中お出ししています。山菜だからお通じがよくなるんですよ。おひつのお米を残さないで召し上がられるとうれしいですね」

娘さんはお客さんに縁があって嫁いだという。お母さんは息子を頼もし気に眺めていた。

肘折をあとに、国道十三号を走り、袖崎駅前を東に入った奥が、湯舟沢温泉である。山形には他にも、たくさんいい湯はあるが、冬期閉館中のところが多い。湯舟沢は開業しているが、茅葺き屋根の建物で雪の中にしんとしずまっていた。

「ごめんください」というと可憐な少女のような人が、三角巾をかむり割烹着をつけて現れる。もう二時だ。

「食事はできますか」

「よもぎそばくらいなら」

「お願いします」

「じゃ、お部屋用意しますね」

待つことしばし、山菜の小鉢三つ、よもぎそば、鯉の甘煮まで現れる。とてもおいしい。ネコがするりと部屋に入ってきて、私のことなど気にもとめず窓の外を見てじっとしている。

お酒を一合頼むと「朝日鷹」が出てきた。

「これ、話題の『十四代』の元酒です。十五代目さんが十四代続いた先祖に敬意を表してつくった酒が『十四代』で、品薄のときでも湯舟沢だけには預けてあげるといって。お客様に少しずつ楽しんでいただけるくらいにはあります」

口が重く見えた奥さんは少しずつ語り出した。

「山形の人はＰＲが下手だと思うんですにゃ。いいものいっぱいあるのに、自慢しないで。自分たちだけが取り残さってると思ってるにゃ。でもこのあたり、どことっても、いつの季節でも写真になる景色と思うのね。おいしいもんもいっぱいある。田舎には田舎に生きる誇りというものがある。なんでも東京がいいと思わなくても、この場所でこそがんばってる人がいるわけよ。だから私はお客様に、山形さ来たからにはいいとごだと思って帰ってもらいたいと思うんですにゃ」

自分の頭で考え抜かれた美しい言葉である。話を聞いてここの湯につかっていきたいと思った。青いタイルの浴室にさんさんと陽が入る。

お湯は肌になめらかにさわる。いわゆる美人の湯らしい。

上がるとご主人にばったり会った。

「ここからあの山を越えると、茅葺き集落の五十沢。そこから銀山温泉まで、七曲り峠を通って古い最上街道があります。一説には芭蕉が歩いた道という。この古道を復元したいという会があって、五月二十二日は、まず五十沢まで歩きます。道は車のものでなく、昔は人が歩くところだった。そのことを考え直してみたいんです。いらっしゃいませんか」

仲のよいご夫婦、うらやましいような地に足のついた暮らしである。

次にめざすのは赤湯温泉。ここも九百年前、八幡太郎義家の弟義綱が草刈八幡のお告げで発見したという湯。傷ついた家来の血で湯が紅く染まったというのだが、山形県内いずこの湯もこのような開湯伝説がある。肘折はお地蔵様、湯舟沢は金毘羅様、蔵王は日本武尊、小野川は小野小町、姥湯は山姥、というわけだ。

赤湯では残念ながら湯につかる時間はなかった。代わりにここを訪ねたイザベラ・バードの展示を見た。

イザベラ・バードはイギリスの牧師の娘で体が弱かったため、転地療養を兼ねてアメリカへ渡り、ロッキー山脈、ハワイ、マレー、中国、日本と大陸をまたにかける大旅行家となった。良妻賢母が範とされたビクトリア時代に女性としては希有なことだ。そのイザベラは『日本奥地紀行』の中で山形米沢あたりを「東洋のアルカディア」と呼んだ。アルカディアとは理想郷のことである。

それから駅近くの「一楽」で、赤湯名物「納豆味噌ラーメン」を食べた。じつにうまい。しばらくすると汗がふき出す。唐辛子を入れ過ぎたかもしれないナ。

そこから高畠町に寄り、今夜のワインを仕入れる。

高畠ワイナリーという工場だが、洋風の建物の前庭にはぶどう畑があり、冬だから枯木だがそこに「歩行者専用ロマンティック街道」の看板があって笑いころげた。たった七十メートルほどで、名称はロマンティック街道で、しかも歩行者専用ときている。このユーモア、わかるかな。

白布高湯《しらぶたかゆ》は西吾妻山中、標高九百メートルの小さな温泉で、開湯は正和元年（一三一二）。湯の花の咲くこと、白き布を延べたようだかららしい。一説には、七百年前の笹野観音のお告げによる発見のとき、白い斑のある大鷹が湯浴みをしたので白斑高湯ともいう。

実は二十年近く前、夫だった人と夕暮れに喜多方への道が閉鎖されて、ここに一泊の宿を乞うた思い出がある。そのときは西屋《にしや》、中屋、東屋と豪壮な茅葺きの宿三つが立ち並んでいたはずだが。火事に遭ったとは聞いていたが、かつての景色を知るものにとっては夢を奪われたような感じである。

一つ茅葺きが残った西屋に、今日は泊まることにする。石段を上って広い玄関に着いた。囲炉裏のあるフロント、そしてスリッパは用いず籐を編んだ敷物が素足に心地よいが、どうも前に泊まった宿とは違うようだ。

通された部屋は表に面し、次の間付きで、畳も新しく、壁も腰掛けもセンスがよく清潔で、非のうちどころがない、かと思うと一階のトイレや囲炉裏には昔のたたずまいが残されて郷愁を誘う。「おしょうしなっす」。照子さんという部屋係がいろいろ世話を焼いてくれる。百八十センチもある若手の同行者Y君のため、特大の浴衣を持って来た。私は中でぴったり。長さは合うのに幅にゆとりがない「中」が多いなか、ここのは肌ざわりもよくうれしい。地色は草で、そこにBON VENON（いらっしゃいませ）とかKORAN DANKON（ありがとう）と書いてある。

「エスペラント語だよ、これは」と、照子さんが笑う。米沢弁も楽しい。

夕食前に一風呂と降りてみたが、ものすごく熱い。

黒い石風呂はともかく、源泉のままの打たせ湯などとても歯がたたない。まいったあ。それでも透明な湯につかり、見上げると高い天井から空から風がさあっと吹き込み、顔が気持ちよく冷えて、まるで露天風呂の心地である。湯滝がどうどうと音をたてる。

夕食もすばらしかった。

鯉の刺身はサラダ風に辛子みそドレッシング、ゆばやにしんの炊きあわせ、野菜たっぷりにそば揚げをふりかける冷や汁、米沢牛の陶板焼、芋煮、まことに健康的なメニューで、地のものばかりである。ことに女将さんの漬けた色とりどりの香の物はやみつきになりそう。買ってきた高畠ワインの赤と東光の濁り酒を堪能した。

食後、女将さんの話を聞く。

「温泉は七百年。建物は二百年経っております。うちはこんなだがら、お客さんもおとなしい。やんやん騒ぐような人ははじめから来ないです。こんな山奥まで来てけらんだもの、せめて土地のものいっぱい食べて帰ってけらっせ。泊まるお客ばかりがお客でねえ。お湯だけ入りに来る人も、ここさ来た人はみんなお客だ。

うちのばさまはえらい人だった。囲炉裏ばたにじっとすわってけらったけど、亡くなってからよく思い出すの。おばあちゃんならこういうときはどうすっぺな。私何も知らんで嫁いで来て、夏下冬上《かかとうじょう》、夏は火種を下に、冬は上に置くとか、炭の起こしかたからおそわったもん。亡くなるときに、私に「世間を狭くしないで生きなさいよ」といったから、その言葉よく守ってんの。おばあちゃんについてたお客って多かったもの。西屋は人がいい、って。みんなばさま訪ねて米沢からバス乗って来たお客だったもの」

話はどうしても平成十二年三月の火事のことに。

「あのときはなあ、夕方の五時ごろでまだ食事の前だったなす。土曜で満室だったし、とにかくお客様を無事に逃がすだけ。こわいというより無我夢中。大体となりと屋根がくっついてんだから一軒焼ければみな焼けると、火の元には注意してたもんだけど、焼けてるうちに風が起きて、なぜかうちの方は焼けずにすんだ。

あんときは、スキーの先生方が助けに来てくれた。おくさん、仏様は、写真は、とみんな運び出してくれた。ただ焼け残ったもんには残ったつらさというのもあるのよ。それからずっと下向いて商売してきたのよ。でも最近考えんの。一軒だけ残してくれたということは何か使命みたいなもんがあるんでねぇかな、と」

数少ない戸数の集落が、火事をきっかけに心がバラバラになる。そのつらさをおかみさんは訴え続けた。聞いていて私たちみな貰い泣きする。

「でも私は西屋が好きだ。白布が大好きだ。米沢から車で帰るときなんか、道中の景色がなんてきれいなんだろうと思うの。これから一雨ごとに山桜が咲いて新緑が芽ぶいて、山が着飾るような感じになるのね」

朝、こりもせず、さらに山奥の吾妻高湯へ向かう。最後に雪見の露天風呂に入りたかった。若主人手書きの掲示もポップで、明るい山の宿という感じである。木をくり抜いた「根っこ湯」で思いきりふざけて、私はこのいで湯の山旅を明るく終わってみたかった。

●肘折温泉

【寿屋】山形県最上郡大蔵村大字南山571☎0233・76・2140

【丸屋旅館】山形県最上郡大蔵村大字南山519☎0233・76・2021

【松屋】山形県最上郡大蔵村大字南山499☎0233・76・2041

【三浦屋旅館】山形県最上郡大蔵村南山490☎0233・76・2046

【松井旅館】山形県最上郡大蔵村大字南山491☎0233・76・2016

●湯舟沢温泉

【湯舟沢温泉】山形県村山市大字土生田4020☎0237・58・2439

●赤湯温泉

【一楽】山形県南陽市若狭郷屋521－4☎0238・40・3336

●白布温泉

【湯滝の宿・西屋】山形県米沢市大字関1527☎0238・55・2480

【根っこ湯・吾妻屋旅館】山形県米沢市大字関湯の入沢3934☎0238・55・2031

第二章

うまいものをさがす

イタドリの油炒め〈愛知〉

高度成長期の子だから、子どものころは肉が好きだった。ご飯よりおかずを食べろと家でもいわれた。それとコカコーラが珍しくてよく飲んだ。

そんな食生活は良かったのか、悪かったのか。この年になってはおいしい炊きたてのお米と味噌汁、おひたしがあれば十分だと思う。

もう何十年も前のことである。地域雑誌『谷中・根津・千駄木』を女三人で出し始めたころでやたら忙しく、子どもは次々生まれ、お金はなかった。人の楽しむゴールデンウィークにもレジャーの予定は立たず、名古屋の読者、木村恵子さんが見るに見かねて、子ども連れで知り合いの山に竹の子を掘りにこない？　と誘ってくれた。

木村さんの友人たちと夫たち・子どもたちで総勢二十人、足助《あすけ》という山間の美しい野へ向かう。掘る人がいないとどんどん竹の子は竹になってしまい、手入れが追っ付かない、と持ち主も喜んでくれた。子どもたちは急斜面を駆け上って竹の子掘りに夢中、われわれは野原にビニールシートを敷いて陣取り、その掘りたての竹の子の上の方の柔らかいところを刺身で食べたり、竹の皮に梅干しをはさんでしゃぶったり、道端にひょんひょんと生えているみょうがをもぎ取っては味噌につけて酒の肴にしたりした。うらうらと夢のようなピクニックであった。

その竹の子掘りは恒例行事になり、泊まる宿も西村農園民宿と丸八養魚場というのに定まって、十年ばかりも続いたろうか。

もちろん竹の子もうまいにはかわりがないけれど、私が忘れられないのはイタドリの油炒めである。西村さんの民宿では客が材料を採りに行くところから始まる。

季節によって採れる野の草は違うが、五月の連休といえば山菜の宝庫だ。三角巾にエプロンの西村さんは子どもたちを連れ、スミレを摘んでクレープに、コゴミやカキドウシは天ぷらに、蕨はおひたしに、ヨメナはきざんでご飯に入れる。しかしなんといってもその独特な味に驚いたのはイタドリ。

イタドリは根を煎じて飲むと痛みを取るということからこの名があるそうな。土手や崖の縁に竹の子みたいに緑の柔らかい茎がずんずん伸びていく。

中が空洞で、それを折るとポキーン、パカーンとすごく気持ちよい音が響く。両手に抱えきれないくらい採って、でもすぐ食べられるわけではない。

庭に大鍋をかけ、ぐらぐら沸かしたお湯に入れて湯がく。それからナイフで筋をシューっと剝く。これもなかなか爽快な作業。それをブツブツ切って塩漬けにする。こうしておけばこりこりとした歯ごたえは変わらず、塩出しすればずいぶん保つ。

ごま油を熱し、煮干しかじゃこといっしょに炒め、醬油をふる。この歯ざわりと酸味のきいた味がたまらなくて、私は一晩中、鉢を抱えて食べ続けた。仲間のヤマサキの旦那、オオギの旦那があきれながら、飲むのに付き合ってくれた。

あれから何年あいただろう。今年、私たちは四半世紀続いた谷根千を終えることにした。そうしたら十人中九人まで成人した子どもたちが、「久しぶりに足助に行こう」といいだした。

お母さんたちをご苦労様で招待してあげる、と女の子たちはさっそく現地の下見に行ってしまった。費用は社会人になったお兄さんたちよろしくね、ということで、また名古屋の友人たちの車に分乗、めでたく総勢二十人、西村農園民宿に到着。

へえ、おおきくなったわね。

さあ、イタドリを採りにいきましょう。わーい、イタドリだ。いつものように湯がいて皮を剝いて。ただ、今回はイタドリのジャムも作った。生のイタドリを輪切りにして砂糖をまぶす。これだけでもおいしい。これを鍋で煮るとなんと、イタドリは柔らかくなってしまう。不思議な植物だ。そして念願の炒め煮も。これで野外のテーブルでビールを飲む。遠方の友人たちと再会して、また楽しからずや。

しかしさみしいのは二人の男がいないこと。装丁家だったヤマサキの夫、パイプオルガンを作っていたオオギの夫は、この何年かの間に天国に旅立ってしまったのだ。そうだ、ヤマサキの旦那が正月に亡くなったその五月にもここに来た、と不意に思い出した。

あのときもみんなで泣きながら飲んだ。そしてそれが足助に来た最後だった。イタドリは体の痛みを取るというけれど、心の痛みは取れまいなあ。

ひっぱりうどん〈山形〉

正岡子規の東北旅行「はて知らずの記」の後を追いかけて、仙台から編集者と車で作並温泉を抜け、山形へ。このあたりは蕎麦で有名。日曜日の昼過ぎで、しかし駅の案内所で紹介された店はすべて長蛇の列。

蕎麦を食べ損ねて北に車を走らせていると、村山あたりでフリーマーケットの賑わいが見え、「ひっぱりうどん研究所」という幟が目についた。なんだろうね。百円だ。行ってみる？　ストーブの上にアルミの大鍋がグラグラと湯気を立てていた。

「お好きな薬味をどうぞ」笑顔のお兄さんはお椀とお箸を渡してそういった。

お椀に醤油とネギと納豆と生卵を入れる。

「あ、鯖缶も入れるとうまいですよ」

乾麺をほぐしながら大鍋に投入、柔らかくなり、ゆらゆら揺れるのを網じゃくしですくい上げて、お椀に「はいっ！」と入れてくれる。

はふはふ言いながらかっこむ。十一月の冷えた体、空いた胃になんというご馳走。

「麺はなんでも、乾麺ならいいんです。これは昔炭焼きで山に入る人たちが作業中に食べたものです。乾麺と鍋くらい持って入ってね。炭を焼く間は火加減が難しくて手が離せない。これ、簡単でしょ。鍋から直に引っ張り上げるのでひっぱりうどん。いまの村山市戸沢地区が発祥の地と言われています」

なるほど男の料理だ。はじめて知った。れいれいしくも「研究所」を名乗り、「旧暦の大晦日には家族、地域みんなでひっぱりうどんを食べて、新年の幸運を引っ張り寄せよう」と提案した人がいるらしい。他でも引きずりうどん、ずり上げうどん、などともいうらしいが、「ひっぱり」のこの音感がたまらない。私は鯖缶（の中身）を入れてお代わりした。ああうまかった、牛負けた。

家に帰ってからもこれにはまってしまい、卓上コンロで毎日うどんを引っ張る日々。

薬味は日替わり、大根おろし、オクラのみじん切り、かつぶし、柚子胡椒、鶏そぼろ、バターや溶けるチーズも合う。白菜やセリ、しめじなども入れて野菜鍋のような日もある。麺は稲庭うどんでも、白石ウーメンでも。

息子が来て、「卓上コンロでうどんか？　もう孤老の食卓という感じだね」と笑う。私は炭焼きならぬ物書きで、手が離せぬのはいずこも同じ。仕事の合間に、台所のコンロの前に立ったまま、鍋からズルズルやることもある。

會津に飛露喜《ひろき》を訪ねて〈福島〉

ずらりと並んだ銘酒を背に、居酒屋の主人は「なんにします？」とたずねた。私の目はシンプルな筆書きのラベルに止まった。「喜んで樽に露飛ぶ月夜かな」なーんてね。「飛露喜！」というと、主人は「会津の酒です。がんばっています」とにっこりした。

二十一世紀に入って間もなく、私が子を家に置いてやっと外で飲めるようになった時分だった。そのお酒はおいしかった。甘い酒に飽きたわれわれがこぞって辛口の酒に奔っていたころ、「水のようなクイクイ飲める酒」も人気で、純米酒のブームもあった。そのなかでこの酒は香りが高く、しっかりして、味が濃い。女だましのフルーティな酒とも違い、飲みごたえがあり、ふくよかだった。「酸いも甘いも知った気っぷのいい女」とでもいうのだろうか？

おいしい酒に出会うと、造っている人の顔が見たくなる。

秋の日に弟子のポン太と会津に出かけた。拙著『円朝ざんまい』を取材の折から、私が師匠、編集の山本明子は円朝の弟子ぽん太ということになっている。郡山から磐越西線で一時間二十分、会津若松で只見線に乗り換え、鈍行で会津坂下《ばんげ》は八つ目の駅。降りて雨も宵のなかを歩いて十分、町並みは揃ってはいないが、ところどころにかつての街道を偲《しの》ばせるどっしりした木造店舗がある。

廣木酒蔵もそうした木格子の由緒ある店構えだった。奥から出て来たご主人、廣木健司さんは白いシャツですらりと若い。三十代かしら。声は渋い。

「ようこそ。森さんのことは、千駄木の伊勢五《いせご》（酒屋）の若旦那からうかがっていました。ぼくで九代目です。なんという話もないんですが。

一九六七年生まれです（ってことは四十代！）。東京の大学に進み、東京の洋酒メーカーに勤めました。うちは代々『泉川《いずみかわ》』という銘柄を造っていまして、いわゆる経済酒でした。安くたくさん飲みたいという近隣の方々の声に応えた酒。父も出先でお茶を出されて世間話をして、商談といえばどこまで安く売れるかということ。昔はこの前の越前街道を行き交う旅人が立ち飲みしてました。おばあちゃんが昆布巻きなんかつまみに出してね。父はまじめですが、営業はそう得意でなくて、じり貧でしたから、両親は跡を継がなくていいと。そのうち、『お父さん、体が痛くて十本入りのケースを積むのが大変みたい』と母から電話がきて、造り酒屋の長男、運命に身を委ねてみるのも一興かな、と帰って来たのが一九九二年です。

杜氏は南部杜氏でした。ただ、酒造りの修業を積んで資格は持っているとはいえ、冬の間の出稼ぎで来る人が多いんです。うちには花巻（旧石島谷町）の方から来ていて、社長の父よりも給料を多く払っていました。ぼくはトラックに乗って空きビンの回収、一年に二万キロ走りましたよ。同期の皆は今頃、責任ある仕事を任されているのにな、と東京へ戻りたくなった。実は東京に戻るには武器が必要だと、実は税理士の勉強もしていたんですよ。

その杜氏さんが突然やめてしまわれて、仕方がなく父と二人で仕込むことになりました。喧嘩ばかりでね。一九九六年の酒造りを終えて九七年の五月、父が突然亡くなった。ぼくが二十九歳のときでした。

でも手堅く商売してきましたから、多額な借金はなく、商売が数年は続けられる蓄えがあったのがありがたい。そんなら最後に思いっきり、自分の酒を造ってやろうじゃないか、と。一所懸命に勉強して、九七年冬の仕込みは一人でやりました。それまで三、四年は杜氏の仕事を見ていたし、酒造に関する本や論文はたくさんあった。あまりうまくできなかったけど、杜氏はこんなところで手を抜いていたのか、というのもわかった。

たまたまその年の十二月にNHKのディレクターから電話があって、『新日本探訪』という全国番組で、取材させてくれという。向こうとしては一番哀れなヤツを探せというわけじゃないですか。おやじは死んで、杜氏はいない、満身創痍の無名の蔵元。そのとき大学の同級生と結婚して二歳の長男がいたんです。どうせつぶれそうだから、記念に撮っておいてもらおうかと衆議一決した。ところが番組が放送されると、全国の酒販店さんや蔵元やいろんな方から『がんばれよ、いい酒造ったら応援するよ』と連絡をいただきました。

業界ではそのころ端麗辛口が全盛。たとえば『越の寒梅』のような新潟酒。あれは老練な杜氏が脈々と造り上げてきた酒で、真似しても勝負になりません。大学の醸造学科を出ているわけでもなし、ぼくとしては後がなかった。とにかく後悔しないものをと思って一年間、いろんな酒を飲み歩いて九八年の冬、いちばんよくできたタンクから三十本だけ、無濾過生原酒の飛露喜を造りました。名前は、応援するよと言ってくれたある方が、〝喜びの露が飛ぶ〟と字を当てて、つけてくださいました。ラベルを印刷するお金もないので、習字をしている母が一枚一枚書いて貼ったんです。

この酒がブラインド・テイスティングという、銘柄を隠して人気投票をする品評会で、五十銘柄のうち一位になった。九九年ですね。この世界は狭いからあっという間に評判が広がりました。どんどん注文が入って、ラベル書きの母はとうとう腱鞘炎になり、和紙にコピーをしてラベルにしたんです」

私が最初に飛露喜と出会ったのは、その一、二年あとなのだろう。居酒屋でこの銘柄を見かければ必ず最初に注文した。

「東京ってすごいところだな、と思いました。いいものを作れば多少高くても必ず買ってくれる人がいる。いまでは千四百石、年間十四万本造っていますが、表に〝売れ切れ〟と紙を貼ってあるように、出してもすぐに捌《さば》けてしまいます。といっても蔵元としてはよほど小さいほうですよ」

ちょっと蔵を見ますか？　と健司さんは気軽に立ち上がった。店とその奥の居間に続く三和土《たたき》が仕込み場である。若い人も含め従業員一人ひとりが、礼儀正しく帽子を取って挨拶してくれる。

「コメは会津坂下と喜多方の五百万石を主に使っています。山田錦も二、三割。水はこのへんは特に自慢できるほどではなくて、水道水です。材料も大事ですが、仕込みの手を抜かないということですね」

白米でできた原料を五十五％くらい研《と》ぐ。そうすると糠が取れ、雑味のない酒になる。これをタイマーで計って水に浸す。さっきからタイマーの切れる音が居間にもしきりと響いていた。

「うちでは秒単位で計っていて、水の浸透率も計算し記録しています。酒造りは最高を狙うならぎりぎりのことをしなくては。ゴルフではバーディを狙うのにフェアウェイのぎりぎりをかすめるように打つでしょ。そんな感じ。いい酒を造るためにはいい道具も必要。冷蔵庫一つ増えるだけで、もっと上を狙える。これ、なんだと思います？　研いだ米を洗うのに、イクラを洗ってそっとほどく機械をつかっているんです」

水からあげて余分な水分を取った米を蒸し、その二十五％に麹室《こうじむろ》で麹菌を植え付け三十〜三十五度で二日寝かせ、それを発酵タンクで残り七十五％の蒸し米、そして水、麹とをあわせて発酵させる。発酵は、でんぷんを麹の力で糖分に変え、そこに酵母菌を加えてアルコールと炭酸ガスに分解させる。発酵は、でんぷんを麹の力で糖分に変え、そこに酵母菌を加えてアルコールと炭酸ガスに分解させる。大きなホーローのタンクにはしごで上ってみると、白いどろりとした液体がぶつぶつと泡立っていた。一ヶ月すると発酵がおさまり、袋に入れてしぼれば、新酒の出来上がり。あとは瓶詰めと配送だ。

「最初に飛露喜がデビューした無濾過生原酒は、酒の赤ちゃんのようなもので、どれも可愛いけれどお世話が大変、ちゃんと管理しないと濁ったり腐敗する危険もある。すばらしい人間になるか、どうしようもないヤツになるか、まだわからない。同じ蔵の酒でも味は違いますし。

酒屋さんと蔵の関係は、画商と画家みたいなものでね、惚れ込んで応援してくれた酒屋さんには義理がありますから、大切にしています。飛露喜はいま。合計八種ありますが、毎月の発売日には整理券を配るまでになりました。ただ昔からのお客さまのために『泉川』も造っています。

正直いって、どんどん拡大するつもりはありません。むしろ自社田をもつワイナリーの世界を目指しています。季節限定の社員も含めて十数人、皆でよく討論をしますが、ものづくりはやはり決めるべきところは一人が決める。でもそれでは各自のモチベーションが下がるので、任せる部分もきっちり決めています」

表から見ただけではそれほど広く感じなかったが、蔵の奥行きは相当なもので、道路を挟《はさ》んで別に貯蔵倉庫もある。しかし中は空同然だった。

「焼酎やワインなど飲酒も多様化して、地酒ブームといっても消費量は減っています。農業の将来も見えにくいなか、郷里に戻って新しく旨い酒を造ろうと格闘している蔵元の跡継ぎ、同志が結構います。山形の『十四代』（高木酒造）さんは先輩ですね。忙しいからそう会うこともできないけど、あの人もがんばっているだろうな、というのが励みです」

東日本大震災で一升瓶数千本が割れた。でも沿岸部に比べれば大したことではないという。福島原発の影響はないですか？　と聞きにくいが聞いてみた。会津の放射線値は東京と同じか、低いぐらいではあるけれど。

「米や水も検査して十分、自信のあるデータをもっています。酒屋さんにもデータを公開して説明いただけるようになっている。でも尋ねる小売店さんはいないそうです。むしろ被災地の酒を応援しよう、という動きが強く、ありがたかった。栃木や茨城の蔵元もけっこう蔵をやられているので、福島はいいなあ、と逆にうらやましがられて」

健司さんは冬中、蔵に泊まり込む。微妙な麴室の働きを見守るためだ。

「利き酒会などお誘いも多いんですが、一晩蔵を空けると気になってそわそわしますから」

四十代半ば、経済的な余裕もあるはずなのに、この人は遊ばない。味見ができるかな、という安易な考えは、この真摯さの前にふっとんでしまった。

会津坂下から出る電車は一時間に一本しかない。きょうは会津東山温泉泊まりです、というと、雨も降ってるし宿まで送って行きますよ、と車を出して下さった。

道々も話を聞く。中学や高校ではサッカーに励んでいたそうだ。

「飛露喜を飲んで酒が好きになったといわれるのが最高ですね」「目指すのはお嬢さんをぼくに下さい、と申し込む日に持って行ってもらえる酒。じゃあいいよ、ということになって、お父さんと将来の婿さんが酌《く》み交わして盛り上がってくれたらもっとうれしい」。健司さんにも息子と娘がいる。どちらか跡を継ぎそうですか、と聞くと「酒造りは感覚の問題で、こればっかりは努力でどうにかなるというものでもない。好きなことをやらせます」ときっぱり答えが帰って来た。

温泉につかり、友と酒を酌み交わす。また、楽しからずや。末廣、花春《はなはる》と会津の地酒を少しずつ味見。花春は俳人金子兜太《とうた》氏が〝青春の酒〟とよんでいる。「でも、ここまで来て飛露喜を飲まないのもねえ」とリストに「時価」とあるのをおそるおそる一合だけ頼んだ。千二百円、高いかな？　締めにもいい酒で、ふんわりと体の中に広がっていった。

翌日、同行のポン太が会津ははじめてというので、「ハイカラさん」なる観光バスを乗り継いで白虎隊の墓にお詣りし、世にも不思議なさざえ堂を見、女性二百数十人が自刃した鶴ヶ城（若松城）で胸いたむ想いをし、七日町の古い町並みを歩いた。翌年の大河ドラマは同志社を創立した新島襄の妻で、会津出身の八重がヒロイン。気の早い観光客で町は賑わい、ほっとしたことである。それでも気になるのは酒。宮泉銘醸、鶴乃江酒造などをのぞいてしまう。

結局、町でのぼり幟をいちばん多く目にした榮川《えいせん》のカップ酒を会津若松駅でもとめ、ポン太と車中でちびちび。廣木酒造を思い出す。「ああいう男はいまどき見ないわね」「まじりっけなし、純な露がはじけ飛んだ」。窓の向こうには色づいた磐梯山、反対側にはすすきの穂並みが逆光できらきら揺れる。

つい口ずさんだ。小原庄助さん、なんで身上つぶした、朝寝、朝酒、朝湯が大好きで、それで身上つぶした、あーもっともだー、もっともだー……

一説に、この庄助さんのモデルは会津の塗師久五郎。安政五（一八五八）年没、戒名は米汁呑了信士。白河にあるお墓は徳利の上に盃を伏せた形だそうな。辞世は「朝によし昼はなおよし晩もよし　飯前飯後その間もよし」。

飛露喜はそんな会津の風土からでてきた酒なのである。

【廣木酒造】福島県河沼郡会津坂下町市中3574☎0242・83・2104

廣木酒造本店の前にて

山田錦の里を訪ねて〈兵庫〉

山田錦。そう、吟醸酒など高級な酒の瓶に書いてあるあれだ。山田錦使用、それだけでおいしそうな感じがしてくる。

でも、「山田錦の里に行ってみませんか」と問われるまで、それがどこでつくられているのか、知らなかった。兵庫、それも清酒で有名な灘と六甲山をはさんで北の盆地でつくられているという。わくわくして新幹線に乗り神戸へ向かった。

灘の生一本というのは灘五郷の宮水と、播州平野の米、そして丹波・但馬杜氏の酒づくり技術があいまって完成されたものである。行く前に、灘の菊正宗の記念館も訪ね、国の重要有形民俗文化財に指定された酒づくりの道具を見た。生酛《きもと》という手間と時間をかけて酵母をはぐくむ酒づくりも学んだ。そこから六甲の北、日本でもいちばん古い湯といわれる有馬温泉で前景気を付けることにした。

泊まったのは「ホテル花小宿」、古い旅館の客室は床の間や建具を残したままベッドを入れてある。鉄さび色の塩湯金泉につかり、夕ごはんは「旬重《しゅんじゅう》」という一階のレストランへ向かう。

この宿は部屋代と料理代が分かれており、しかもその内容や量も自分で選べるという仕組み。神戸あたりから食事だけに来る客もいる。カウンターがよい。かまどで湯気を立てている飯の釜、網で焼く三田牛も見える。魚に刃をあてる職人の真剣な表情も見える。総料理長の河上さんはこの道四十年、素材を活かしできるだけシンプルに、という。魚はすべて明石の漁港の直接買い付けである。

利き酒師修行中の女性がまず、丹波市西山酒造場の「小鼓《こつづみ》」をすすめた。山田錦心白酒、フルーティで飲みやすいやや甘口。明石の鯛や足赤海老にあう。ワイン評論家として有名なロバート・パーカー氏が九十八点をつけたという酒。心白とは米の真ん中の白いところ。米粒を磨きに磨いて使っている。それだけ雑味がなくすっきりした味わいだ。

海老芋の揚げたのや朝鮮人参の天ぷらには田中酒造場の「白鷺の城」。炭焼きステーキには稲見酒造のもっちり重みのある酒「葵鶴酒壺《あおづるみき》」がよく合った。いずれも山田錦の酒だ。

一夜明けて早朝、吉川へ。これでよかわと読む。JAみのり吉川営農経済センターへ向かう。ここで山田錦の今年最後の検査がある。キヌヒカリ、コシヒカリ、ヒノヒカリなどの食用のうるち米や餅米も少しはつくるが、この辺の農家は灘へ出す酒造好適米、山田錦が主力なのである。検査官は厳しい顔で、三十キロ入り紙袋に容赦なくすっと刃物のような穀刺《こくさ》しを刺し、米を抜き取り、鑑定する。別の人が、米粒がこぼれないように、穀刺しを刺したところに検査シールを貼っていく。

農家八代目の矢野さん。「今年は特に暑かったからなあ。山田錦は他の稲より繊細なので育てるのが難しい。植え付けの時期、肥料をやる時期と量、収穫前の水の管理。気をつかいますなあ。草丈が高いだけに下手すると穂が重くて倒れてしまう」と心配そうな面持ち。実るほど頭を垂れる稲穂かな、というのはそのとおりなのだ。

山田錦とは丈の高い山田穂《やまだぼ》を母に、丈の低い短桿渡船《たんかんわたりぶね》を父とし、昭和十一（一九三六）年に誕生した品種である（交配は大正十二年）。大粒であり、雑味のもととなるタンパク質が少ない、磨いても砕けにくい、そして何より先に述べた心白（米の中心部で白く見える部分）が大きい。この心白はでんぷんのつまり方が密ではなく、そのぶん水を吸いやすい。酒米として珍重されるにいたった。兵庫県では三四五〇ヘクタール、昔風に言えば三四五〇町歩（平成二十一年）で約二十万俵の山田錦をつくっている。

蔵元には玄米で収める。それから、酒づくりの始まりだ。山田錦を磨きに磨いて中心の白いところだけにして雑味のもとを消し、蒸して麹菌をつける。この麹米と、蒸米、水に酵母を入れて酒母をつくる。酒母にさらに麹米、蒸米、水を通常三回に分けて仕込みながら、桶、いまはたいていタンクで寝かせると清酒ができるというわけである。

食用だと八％程度の精白（削り磨く割合）で白米になるのだが、山田錦は平均三十％程度、ときには米の半分も削り磨いてもったいないのはたしか。最近、大手メーカーは精米するときに出た糠などを使い、化粧品開発などに乗り出して付加価値をつけている。

農家の方に聞くと、「うちは大関」、「うちは日本盛」、「うちは菊正宗」と、自ら育てた米の嫁入り先を自慢そうに答えた。

農家と蔵元は直結している。いまも「対米制度」といって特定の蔵元と集落単位で流通

POST CARD

料金受取人払郵便

小石川局承認

9109

差出有効期間
2021年
11月30日まで
(切手不要)

112-8790
127

東京都文京区千石4-39-17

株式会社　産業編集センター
出版部　行

★この度はご購読をありがとうございました。
お預かりした個人情報は、今後の本作りの参考にさせていただきます。
お客様の個人情報は法律で定められている場合を除き、ご本人の同意を得ず第三者に提供することはありません。また、個人情報管理の業務委託はいたしません。詳細につきましては、「個人情報問合せ窓口」(TEL:03-5395-5311〈平日 10:00 ～ 17:00〉)にお問い合わせいただくか「個人情報の取り扱いについて」(http://www.shc.co.jp/company/privacy/)をご確認ください。

※上記ご確認いただき、ご承諾いただける方は下記にご記入の上、ご送付ください。

株式会社 産業編集センター　個人情報保護管理者

氏名《ふりがな》

(男・女／　　歳)

ご住所　〒

TEL:

E-mail:

新刊情報をDM・メールなどでご案内してもよろしいですか?	□可　□不可
ご感想を広告などに使用してもよろしいですか?	□実名で可　□匿名で可　□不可

ご購入ありがとうございました。ぜひご意見をお聞かせください。

■ お買い上げいただいた本のタイトル

ご購入日：　　　年　　月　　日　　書店名：

■ 本書をどうやってお知りになりましたか？

□ 書店で実物を見て
□ 新聞・雑誌・ウェブサイト（媒体名　　　　　　　　　　　　　　　）
□ テレビ・ラジオ（番組名　　　　　　　　　　　　　　　　　　　　）
□ その他（　　　　　　　　　　　　　　　　　　　　　　　　　　　）

■ お買い求めの動機を教えてください（複数回答可）

□ タイトル　□ 著者　□ 帯　□ 装丁　□ テーマ　□ 内容　□ 広告・書評
□ その他（　　　　　　　　　　　　　　　　　　　　　　　　　　　）

■ 本書へのご意見・ご感想をお聞かせください

■ よくご覧になる新聞、雑誌、ウェブサイト、テレビ、
よくお聞きになるラジオなどを教えてください

■ ご興味をお持ちのテーマや人物などを教えてください

ご記入ありがとうございました。

する制度があり、他の産地にはないつながりがある。この時期でも田んぼに蔵元の旗が立っていたりする。農家には「全量引き取りやから。よその蔵の酒は飲めません」というくらいの思いがある。蔵元は田んぼを見に来るし、農家は新酒祭などに招かれ、ともに飲みかわす。毎年農家は、心白が片寄らないよう、米の中心にきれいな心白ができるよう、細心の注意を払いながら栽培し蔵元へ山田錦を送る。蔵元はそのできばえが悪いとクレームを農家に送り返す。まさに双方とも真剣勝負だ。

平成二十二年度産の米は猛暑の影響で検査等級が落ち込んでいる。農家は特、特上の格付けを取りたい。「一等級ちがうと。ごっつう値段落ちるからな」。

その検査済の山田錦が倉庫に積み上がっていた。石川県の銘酒「菊姫」など県外の蔵元からも注文が多い。検査員の藤本さん、「米の検査は国の試験を受けて免許をとった人でなければできません。吉川の検査員の使命は、山側の農家と浜側の蔵元を米の検査を通じて信頼でつなぐ大切な役目だと思っています」。なるほど六甲山地をはさんで北と南だ。

近くの「山田錦の館」を訪れた。ここには他の米の品種と山田錦の穂や米が比べられている。たしかに山田錦は草丈が高く、粒が大きい。山田錦でつくられた銘酒もならぶ。庶民に身近な大衆的銘柄の蔵元でも、実は山田錦百％の高級酒もつくっているのだと知った。がんばる生産者の五百尾《いおお》さんに案内してもらった。

「長年、山田錦とともに生きてきました。酒類の多様化、焼酎ブーム、接待費削減など、何一つわれわれに追い風はありません（笑）。でも日本酒はうまい。日本酒は日本の文化です。そのことをわかってこれからは量より質で飲んでほしいのです。この辺の田んぼは粘土質で排水が悪い、ということは水保ち、肥料保ちはいいんです。昔は馬転《うまころ》ばしというくらいねばくて、馬では力が足らず、牛で耕しておった。ホウレンソウやキャベツなどには向かないが、米には大変いい土壌なんです。そこで七十年以上、山田錦一本槍。そうね、蔵元との関係を一言で言えば戦略的互恵関係かな」

山田錦って炊いて食べてもおいしいんですか？

「昭和三十年代は、われわれ農家は山田錦しかつくっていなかったから屑米を食べよったな。普通の米と違って冷めるとうもうないな。でも三十年代は米二俵売れれば一家が一ヶ月くらい食べられた。『今年は軽トラ一台買おうか』などと景気のいい話ばかりしていた。そんないい時もあったんです。いまは大変ですが。せめて乾杯はビールでなく、日本酒にしてくれないかな」

逆に中国はじめ海外での吟醸酒人気は高まる一方で、需要は増えているという。

ちなみに五百尾さんの田んぼの米は「大関」へ行くそうだ。

それにしてもこの辺の農村風景の美しいこと。「美しい村などと言うものは、はじめからありようがなくて、そこに住んでいる人たちが、美しく住もうと思って、はじめて美しい村ができるのである」という民俗学者、柳田国男の言葉を思い出す。

茅葺き農家も残る道をゆくと、加東市の鷹尾健志さんに出会った。ベテランの専業農家である。

「そうやね。酪農しとった時代もあった。三百六十五日、牛の世話をするのはそりゃ大変やった。桃作れんやろかとやってみたこともある。でも暑い時に朝から晩まではたらかにゃならんし、箱だの袋だの引くとなんも残らん。

やっぱり米作るのが一番や。山田錦は渋かったり、苦かったりという雑味のもとがめちゃめちゃ少ない。それで味は芳醇や。そのうえ戦後は倒れにくいように、収量も多いように、と改良がされてきて、これに勝る品質の酒米はないな。酒は素材決定主義や。米が悪い、水が悪いではいくら技術があったってどもならん。

米は肥料をたんとやると、根元からべちゃっと倒れる。むちゃくちゃこけやすいからな。夜、稲は寝ないとせっかくためたデンプンを使ってしまう。去年のように夜でも三十度もあると稲が眠れずにあえぐんや。こういう様子をよく観察しないといかん。学習しない農家はだめやな。これも一種の職人しごとやから。

米一升でだいたい酒は一升できる。こんな原価の高いもんはないで。ペットボトルの水や清涼飲料水なんか、一、二円の原価のものをあんなに高う売ってるんや。そこへいくと酒はこんだけ原価につかってからに、蔵元というのはわたしらにとってもごっつうやさしい客やで」

これもうなずける意見だった。

最後に兵庫県酒米試験場の池上勝さんを訪ねた。二十年間酒米の育成ひとすじの方である。

「昭和五十年代から吟醸酒ブームが起こり、山田錦がブランド化しました。米の栄養のあるところを削って、酵母を苦しめることによって香を出させて吟醸酒をつくるんです。ヤマダは背が高くてつくりにくいのですが、いまのところこれに替わる品種は出ていません。同じ米でも酵母菌、発酵の仕方が違うので蔵元に拠って千差万別な酒になります。それでも総合力でヤマダを越える米はまだ出てきません」

池上さんは多品種を植えた試験田をいとおしそうに眺めた。

話を聞きに行ったのはちょうど、APECでの農作物関税撤廃が議論になっているころであった。

「外国の戦略に巻き込まれて食べ物の輸入を自由化すると泣くのは日本人自身やで。いざというとき食べるものがなくなる。環境の上でも棚田の保水力が崖崩れを防いでる、そういうことも考えてほしい」。農家の人から聞いた言葉を思い出す。

美しい南斜面の棚田。いまはほとんど刈り取りが終わり、しずまっている。酒米の王者といわれる山田錦の里にたどりつき、私は「米がめげる」「米があえぐ」「米が眠る」と聞いた。山田錦という米は、あたかも人格を持っているようである。年を重ねたのだから量は少しでいい。いい米といい水を使った酒が飲みたい。これからは、そのいい米をつくっている農家の人たちの顔が浮かんでくるだろう。

●有馬温泉

【ホテル花小宿】兵庫県神戸市北区有馬町1007☎078・904・0281

【山田錦の館】兵庫県三木市吉川町吉安222☎0794・76・2401

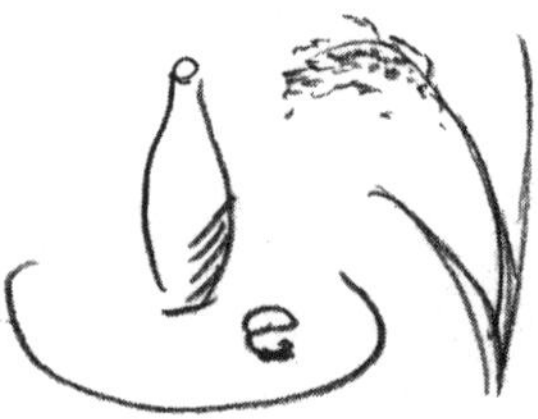

第四章

古い町をぶらぶらあるく

京都へ古裂《こぎれ》を買いに行く〈京都〉

天神市に小雪舞う。これを風花というそうな。北野にある天満宮の境内で毎月二十五日に行われる骨董市は、東寺境内、二十一日の弘法市と人気を二分する。気の早い人は日の出とともに駆けつけるという。

着いたのは昼すぎ。迷子になるほどの混雑だった。古布屋は、きれいにセロファンに包み籠に並べた店から、青いシートにどさっと山盛りの店まで。早く見たい。心がせき、目移りして大変。

まず袋物にいいかもと麻のくず布をゲット。次に明治時代の更紗があまりにきれいなので三枚買う。江戸の風俗を手書きしたのもすばらしいが、二万円と手が出ない。

好きなわりには知識がなく、絹と麻と木綿の区別がつくくらいで、年代や相場ときたらお手上げ。同じ黒の留袖でもヨーカン色、青味がかったの、艶のあるのやないのやさまざま。幸田露伴は娘の文に格物致知《かくぶつちち》と教えた。実際に見て観察して、覚えること。

サラリーマン風の男性が布をあさる。総絞りのシャツに大島のチョッキ、ジャケットも古布仕立てのおじさまもいらっしゃる。縫うのは奥様、今日すでに十人近くから「ステキ、さわらせて」といわれたとか。男性の古裂ファンも意外に多いらしい。

男ものの羽織は、裏返して吊るしてある。この羽織裏がすごい。千差万別。ありふれた山水から大虎の図、海の帆船、西洋のお城まで。モダンな模様を総称して〝文明開化〟と呼ぶ。

「あんた、これ似合うよ」と声をかけられ、チェック柄の裏地を使った羽織と、縞の張りのある絹スカートを買う。まけてもらって二枚で三万。「ええのばかり、持ってくなぁ」。すばやく上手に売るもんだな。

降ったり照ったりの市を切り上げて、東山通りの小ぢんまりした「裂・菅野」へ。父上は道具屋だったが、自らは裂の道へという店主の菅野仲子さん。「私も天神は朝早う行きましたが、最近は掘出し物はないわね」。仕入れは市で、あるいは好みを知っている〝うぶ出し屋〟が持ってくる。

古本業界と同じく専門用語が多い。〝うぶ出し屋〟とは民家を回り、古い着物を買い集める人のこと。「ブームで相当出た後といっても、京都にはまだまだ、箪笥に眠っている着物がある」「どんなんがお好みですか」「つるつるよりざっくりしたほうが」というと、芭蕉布と丹波布の着物を見せてくださった。両方欲しい。

「芭蕉布はまあ業者間でも最低四十万、お客さまに売るときは六十万かしら」と率直に教えてくれる。新しく織ってもらうと二百万は下らないそうだ。

「古い着物をそのまま着よう思うたら長さがね。昔の人は小《ち》さいし細い。一七〇センチなんて方は着てくれるなと思いますわ（笑）」。私は一五八センチ。でも幅がねえ。

「押売りはしないんです。自分に合わないこともしない」と、その矜持と覚悟がいっそ快い女主人であった。

夕暮れと競争で伏見の「むかし裂や〻」へ急ぐ。伏見という市中心部からやや遠いので、新興を自覚して、間口の広い入りやすい店構え。そのまま着たい人、洋服にしたい人、小物や縮緬人形を作りたい人、誰でも歓迎。

「娘が幼稚園のとき店を始めたんです。若いお嬢さんたちには〝大正ロマン〟という、色がきれいで斬新な模様のものが好まれますね。裏を紅絹《もみ》にして、半襟も刺繡して。腰上げする余裕がなくて、つっ丈で着る方もいるけど、それは自由でいいんじゃないですか。銘仙は数千円からありますし、そこから着始めるのもいいと思う」

メリンス、綸子《りんず》、お召、縮緬、友禅、錦紗、絽、絣、紬、実物を前に初歩的な質問が許される店。「私も着物を着たくて十キロ痩せたんですよ」とおっしゃるかわいい大藪美佐枝さんである。

久しぶりの京都。夜は先斗《ぽんと》町の居酒屋へ、さらに高瀬川沿いのバーへとはしご。美しい布をたくさん見た後、酔いは早い。

翌朝、東山区古門前通り「新・古衣装にしむら」へ。美しい跡継ぎのお嬢さんが黒縮緬の新しい着物に総刺繍のアンティークの帯をしている。渋好みの江戸っ子から見るとなんともあでやかだ。

「逆に古い着物に新しい帯でもいいんです。無理に時代を合わせなくとも」と奥様。「手持ちの着物をまず持ってきてくだされば。着てどこ行かはるの、ほな芝居に合った帯探しましょう、寸法が足りなければ出しましょう、襟や帯留めで助けましょうと、コーディネートが楽しみです。古くても美しくなかったらいかん」とご主人の西村昌士良さん。

江戸小袖の切れ端を誰袖《たがそで》屏風に仕立てたのを見せていただく。なんてきれいなんだろう。「掛軸になるやろか。屏風がいいやろうか。何色と合わせよか。いつも家族三人、苦しみながら楽しんでます」

話を聞くうちに欲しくなり、樋口一葉が好みそうな昼夜帯一筋、明治時代の裂で作った袱紗《ふくさ》を買う。これで千駄木睡庵でのお茶会のときは……ムフフ。

午後「今昔西村」さんへ。老舗の二代目である西村凱氏は古代裂の研究家、鑑定家としても知られる。「教わりません。親父が何に感動しているか、何を見てうろたえているかを見てきただけで」

珍しい縞帖、インド更紗、江戸小紋と次々出してこられる。

「これは十九世紀のインド更紗。源流ですね。木綿が粗くて、まだ茜が染まらず抜けてしまう。明礬《みょうばん》で茜が定着できるようになったのはこの後です。こちらはオランダ更紗。小さな模様でモダンでしょう。東インド会社経由で伝わった。こちらは江戸の和更紗。このころは大店の若旦那が洒落て下着に着たんですが、昭和にもなると小僧さんにまで普及しました」

どの裂でも時代を見るのは難しい。布の耳で見たり、作り手の匂いを探したり。「裏が見られんもんは弱りますな。貼りつけてあるようなのは」。まるで裂の精霊から話を聞いているようだった。

「何ごとによらず文化水準が高い時代は裂も自由で面白い。婆沙羅《ばさら》大名が出、傾《かぶ》き者が横行した桃山時代が天です。これが江戸時代に入ると度重なる奢侈禁止令で柄もかたまる。また大正から昭和の初めがいいですねぇ。糸、織、染、手描き、熟達した職人がいい仕事をして、祈るように次へと手渡していく。昭和十二、三年まではよろしいな」

ちゃんと畳んでたとうに包み、時に風を入れ、大切にしまってあった着物は「愛情が切れてない」。生き生きとしているそうだ。それをまた大事にしてくれる人の所へ行かせてあげるのが仕事。お客さんと着物が出会ったとき、「着物が喜んでるか、嫌《きろ》うてるか」わかるという。

「そやから自分のおばあちゃんの着物なんか、ぜったい着て差し上げるべきです。きっとおばあちゃんが守ってくれはる」

ここでは各種裂見本を仕入れた。仕事の暇に、眺めて勉強だ。

旅の終わりに「ギャラリー啓」に寄る。

アーティストだった川崎啓さんは、植物を叩き、裂き、晒《さら》して織った、いわゆる原始布に魅せられてしまった。葛布《くずふ》、榀布《しなふ》、藤布、もちろん芭蕉布。制作年代を「江戸はある」「明治は十分あります」といういい方をなさる。

「葛布は丈夫だから道中着にしたようですね。庶民の着物はさんざ着ぬいてボロボロになる。それにつぎをあてたり刺し子にしたりがまたいいんです」と目を細めた。

深緑の蚊帳《かや》であった麻布、それを求めてふわりと首に巻く。また新しい京都に出会った。

【裂・菅野】京都府京都市東山区東山通三条下ル南木ノ元町☎075・561・7672
【むかし裂やゝ】京都府京都市伏見区深草直違橋3－405－2☎075・642・3731
【新・古衣装にしむら】京都府京都市東山区古門前通縄手東入ル☎075・561・1312
【今昔西村】京都府京都市東山区縄手通三条下ル☎075・561・1568
【ギャラリー啓】京都市中京区寺町通夷川上る久遠院前町671－1☎075・212・7114

神々の山へ——吉野〈奈良〉

京都から近鉄に乗り大和八木で降りた。今井町へはそこから十五分ほど歩く。

正式には橿原市のうちだが、ここには古い環濠集落、寺内町が残る。

歴史ある町並みが好きだ。文化庁の重伝建（重要伝統的建造物群保存地区）に選定された町並みのうち、八割はすでに行った。港町、門前町、宿場町、城下町……。そして今井の町へ入ったとたん、「これは特級だ」と瞠目した。茶色い土壁、太い梁、磨き込まれた格子窓、どっしりした屋根瓦。

今井まちづくりセンターで藤根《とうね》治さんが待っていて下さった。

「ここは長谷街道の要衝地。いっときは奈良の富の七割が集まっていたところです」

家の中を見せていただく。高い天井、竹を組み、杉皮をのせ、その上に瓦。ちょっとインドネシアの熱帯の家のようだ。

「盆地で夏は暑いですから、こうすると熱気が上にのぼって出るんです」

おくどさん、すなわちかまどの上に煙出しの天窓がある。

「ここらの家はたいてい杉材です。自分の持ち山から切り出した杉を使い、孫子に残すために家をつくった。いまはよう考えしませんわ。あとつぎは都会へ出ていってしまう」

建築の工法やつし二階、虫籠窓など丁寧に説明してくれた。昔の人がいかに知恵をもって町並みをつくったかわかる。それにしてもお詳しいですね。

「いやあ、ただの米屋でんがな」

と藤根さんは笑った。町並みを守るために辻々には消火栓を設置、ところどころに防火水槽や観光客用のトイレ、お休み処がある。今日は日陰でおばあさんが二人涼んでいた。

「明治四十四年生まれの九十三歳になりますわ。人生苦労ばかりや。主人は戦争にとられて、子ども三人育てて。いまが極楽や。長生きの秘訣はきゃんきゃん思わんことやね」

おおきに、ご苦労さんでございます、とメモをとる私に手を振ってくれた。

町並みにひっそりと酒屋や米屋、クリーニング屋がある。多少は土産物屋や喫茶店もあるが、観光化を嫌うのか、目立たない構えである。河合酒造で、「出世男」なる酒を買う。ここでは酒の他、きゅうりの奈良漬も売っていた。

橿原神宮前から再び近鉄で吉野まで。ホームに降りると、ぷうんと木のいい匂いがした。

タクシーで今宵の宿、「櫻花壇」へ。

大広間で食事、しかるのち檜風呂に入る。旅の疲れもものかは、ご主人に話を聞く。

「辰巳屋という屋号で下の方に創業したのですが、私の祖父にあたる辰巳長楽という人が、大正の十二年に山の上の現在地へ移ったんです。吉野のことなら長楽に聞け、といわれるくらい土地のことにくわしく、作家の方がずいぶん見えました。谷崎潤一郎先生は、大正十二年、昭和四、五年と長逗留されて、『吉野葛』を書かれました。他にも吉川英治、五味康祐、山田風太郎の各先生もお見えになっています」

私の部屋には五・一五事件で暗殺された犬養木堂の額があった。いつものことだが寝ずに考えて「片雲半ばを生く。一独坐って千峰を望む」とようやく読めた。

朝、まぶしくて早く目が覚める。

障子戸を開けて思わず声をあげる。夜だから気づかなかったが、宿は断崖絶壁の上にあり、四方の山、ほとんど桜である。うーむ、やはり四月に来るべきだったかもしれぬ。今日は吉野、熊野、高野山が「紀伊山地の霊場と参詣道」としてユネスコの世界遺産に登録される予定の日。午後からは金峯山寺《きんぶせんじ》の秘仏蔵王権現三体が開帳されるという。

そのとんでもなく忙しい中、金峯山寺で重職をつとめる田中利典和尚が時間を割いて下さった。

「金峯山寺は白鳳時代、七世紀後半に修験道の始祖役行者《えんのぎょうじゃ》によって開創されました。葛城山や大峯で修行ののち、山上ヶ岳で感得されたのが金剛蔵王権現です。役行者はそれを桜の木に刻まれ、山上ヶ岳と吉野の二ヶ所に安置された。これが山上山下《さんげ》の蔵王堂です」

六回の火災があり、現在の蔵王権現は天正十八（一五九〇）年、蔵王堂も同じころで、東大寺大仏殿に次ぐ大きさの木造建築。

権現というのは仏様ではないのでは。

「それは非常に洗脳された考えです。権現は釈迦、観音、弥勒《みろく》の仏様があらわれたお姿です。もともと日本は万物に神が宿るという多神教の国で、あとから入った仏教とも融和していた。これを神仏習合といいますが、明治になって神仏分離が上から無理に行われました。ことに修験道に対する弾圧はひどく、金峯山寺も一度は廃寺となりました。その後、復寺して現在にいたっております」

修験道というと滝に打たれたり、ホラ貝を吹いたりというイメージが。

「その程度でしょうね。我々修験者にとっては、自然がすべて道場、自らを修行する場なので、野宿もしますし、護摩《ごま》も外で焚きます。いってみればアウトドア。しかし天台宗の回峰行《かいほうぎょう》などにも、修験道の考え方は入っておりますし、わかちがたいものなのです」

私も万物に精霊が宿るというアニミズムが好きです。

「いまキリスト教とイスラム教という一神教同士がぶつかって、この世は大変なことになっています。自分だけが正しい、他を認めないというのでなく、日本の神仏習合、諸教の融和こそ、これからの寛容な人間の行くべき道だと思います」

田中和尚は雄弁で説得力があった。蔵王堂の柱は見事な自然木で、自然と一体化する教えであることに感銘を受けた。

吉野は紀伊半島の奥深い。奥深いがゆえに、大海人《おおあま》皇子が兄天智天皇の追手をさけて潜《ひそ》み挙兵した。西行法師もこの吉野の桜を多くうたった。源義経も頼朝に追われ吉野に潜伏した。静御前のうた。

吉野山峰の白雪ふみ分けて　入りにし人の跡ぞ恋しき

後醍醐天皇はここに南朝を樹立した。吉野にはまるで落葉樹の葉が降り積もるように歴史が堆積している。

そのむかし大海人皇子（天武天皇）の妻持統天皇が吉野宮に三十数回も足を運んだのも、ここで山の神、森の神の力を授かるためだという。吉野には精霊の充電パワーがあるらしい。吉野は奥が深い。

【櫻花壇】奈良県吉野郡吉野町大字吉野山955☎0746・32・5533

※二〇一九年十二月現在、休業中。

とっとり町並みの旅〈鳥取〉

鳥取へサンライズ出雲という夜行特急で行くことに決めた。夜の十時に東京駅発。うーむ快適だ。その昔、修学旅行で乗った三段ベッドとは大違い。個室だぞ。鏡付きだ。スリッパも寝巻きもある。シャワーも使える、と子どもっぽくうきうきして、旅立ちのビール缶で窓に映る自分と乾杯した。

一晩眠ると米子着。朝九時。駅前のビル街を抜け、元町通り商店街に入るとがらりと空気が変わった。歴史の匂いがする。弓浜絣《ゆみはま》、刃物、草履、染物などの老舗が並ぶ。その一軒、平野屋は丸紅と取り引きがあったという呉服屋で、アーケード側から見ると気づかないが、店内の梁は太く、奥に宏壮な屋敷が隠されていた。築百三十年という。自家の歴史に誇りを持つご主人がすっかり復元してから亡くなられたとか。珍しい二階の茶室から庭越しに白壁土蔵が見える。

商店街の一本裏通りは加茂川。水量はいま大分少ないが、あちこちに橋がかかり、水辺に降りる石段が舟運の盛んだった往時を思わせる。物干しや路地の小さな風景に人びとの暮らしが見える。私はこういう、かわいらしい町のディテールが大好き。

加茂川は「ジゲの川」と呼ばれ大切にされている。この周辺で、一九八〇年代から〝しょうじき村まつり〟、橋の名調べ、この川らしい橋「天神橋」のデザイン計画、川沿いのマンション計画反対、それがきっかけとなった景観条例の施行など、多彩な活動が続けられてきた。

アーケードを抜け下町へ入っていく。町に入ったとたん、この町は隠れた秩序があると、この町を愛し、守っている人がいるとわかる。古い町並みに配慮した新築物件がある。明治四年創業、米子の出版文化の中心、米子今井書店（本店）がある。地元の人の憩いの場であり、旅人をやさしく迎え入れる〝笑い庵〟。「一銭屋」のユニークな看板。おそらくアバラ屋であったであろう民家を改造した陶器の店と、地元のアーティストの共同制作の場

「是楽暮舎《こらぼしゃ》」、コラボレーションにちなんだ名だ。

古い町はただ保存すればよいわけでなく、〝古い革袋に新しい酒を盛る〟工夫、再生と活用こそが大事なのだ。それにしてもうらやましい、借りる家賃の安いこと。古い家を借りて活用しまくる、東京ではできない、地方都市ならではの心躍る実験である。お昼も、これまた古い蔵を改造したフランス料理のレストラン「皇《すめらぎ》」でいただく。道からのアプローチも工夫がある。またぜひ、夜も来てみたいもの。


午後、次なる宿場町根雨《ねう》に向かう。なんとも珍しい地名だ。昔、旱魃《かんばつ》のとき、雨乞いの祈りをするとたちまち空がかき曇り、稲の根を潤したという。上方へ向かう出雲往来と岡山から抜ける日野往来が交わる要衝の地。

土地の旧家の近藤久子さんに話をうかがった。

「うちは江戸の昔から川から砂鉄をとって鉄にする〝たたら製鉄〟をやっておりました。大正十年くらいで止めまして、父の寿一郎が木炭から酢酸をつくる方法を開発しました。多いときは従業員が三千人おりましたかしら。父は教育や福祉に熱心で、病院を建てたり、根雨小学校に鳥取県で二台目のピアノを寄付しました。それが駅に着くときはみな見に行ったそうです。先生方もこれからはオルガンを足で踏まなくても音が出るって喜ばれたとか。町の人が集う場がないからと、当時で六万六千円かけて、千二百人入る根雨公会堂を建てたんです」

ご自身も日本女子大で化学を学んだという久子さん、戦後、女性の地位向上に尽くされた。町を見おろす公会堂は、いま国の登録有形文化財に指定されている。

その日泊まった「朝勝館」では、自家製の味噌で煮た鯉をはじめ、刺身、西京焼など名物の鯉づくしだった。地酒によく合う。ついでに、葉わさびの辛味を引き出す方法を教えてもらう。ゆでたら叩くとよいという。温かいもてなしに感激した。

二日目、伯耆《ほうき》大山の刻々と変わる姿を横目に海沿いを東上する。ゆるやかに曲がりながら何キロも町並みが続く。潮風に洗われ白くなった板屋に赤瓦。赤碕という漁港の町、そして宿場で栄えた八橋の町である。その旧道沿いにある江原酒造本店という、古いお屋敷で休ませていただいた。庭に清水が湧き、見事に大きい鯉が泳いでいる。

奥様に広い屋敷を案内していただく。もう一つ別の扉を開けて、「これは帰らざる玄関と申しまして、葬式のお棺を出すときと、娘を嫁に出すときに使います」と教えてくださった。

旧家にはたくさんの物語がつまっている。昭和六十二年、横綱北の湖が相撲興行で泊まったことがあった。健やかに育つよう初孫を力士に抱いてもらったこと。洗濯した下着の大きさも、いまだに語り草である。

さらに東へ。倉吉へ入る。人口五万、鳥取第三の都市で、美しい城下町だ。その町並みは国の五十二番目の伝統的建造物群保存地区に指定されている。

ここでは赤瓦の家並みがとりわけきれいだ。焼く温度が高いと赤く、低いと黒っぽい。それが微妙に混じりあい、なんとも風格ある町の色となっている。もっともこれは登り窯で焼いた古い瓦に限る。軒下の出桁が象の鼻のような不思議な曲線を描いている。専門的にいうと「海老虹梁状の椀木」というらしい。

この町ではひょんなことで里見安房守忠義の墓参りをした。関東の名家であるがゆえに征服者徳川氏に煙たがられ、江戸から遠く、しかも見張りがきく天領倉吉に移封され、若くして亡くなった人の墓が大岳院にあったのだ。南総里見八犬伝のモデルというが、ずいぶん史実とは異なり、最近「真相里見八犬伝」（典厩《てんきゅう》五郎著）という小説も出たとか。

倉吉では町並みを守り再生するため、第三セクターで株式会社「赤瓦」をつくり、空き店舗や古い醤油蔵を借りては改造して展示、休憩、飲食店、土産物店などにしている。観光化は悪だ、などとカタいことはいってられない。やはり飲み食いも、おみやげも大事だし、それで町の人が食べていくことも大事。問題は歴史や文化が観光に負けずにやるということ。グッドビジネスをして客からぼらないこと。昔の手仕事の痕跡を大切にして、改造は最小限にするということ。倉吉はそれがうまくいっているように見える。

春のうららかな陽気に誘われ、見学客で賑わっている。出資者の一人、森和美さんは赤瓦五号館で「久楽《くら》」という店をやっている。一階では町の女性を中心とした染めや織り、袋物を売る。住民の自己実現と収益を得るために。二階は客自らが豆をひく石臼コーヒー。参加のパフォーマンスが楽しい。

森さんは次から次へと事業のアイデア、愉快なネーミングが口をつく。「こっちの言葉で、〝だらず〟などといいます。こんな道楽ばかりして遊んどるやつのことですわ。それで、〝だら漬け〟なんていう漬け物を作ったりして」。町づくりとは町遊びである。人が楽しそうにやっているところにしか、よその人も寄りつかない。

鍛冶町を歩いていると、ふいごのある鍛冶屋さんで包丁を作っていた。

「昔はお城の御用で鐙《あぶみ》や鎧甲冑《よろいかっちゅう》を作ってたらしいですが、私で八代目になります。親父の向う槌からはじめて、四十何年。やっと最近しくじらんようになりました。ちょっと他所《よそ》見《み》してもキズが入るから、仕事中は口きかんですよ。

鉄板はずいぶん先の分まで仕入れてますが、スキやカマは柄を作る人がいなくなった。いくら働いても勤めに出るほどには金にならん。息子には継ぐなと言っとります。プライドだけでやってるようなもんですわ。博物館なんかに飾ってある稲扱千刃《いねこきせんば》でも、倉吉の鍛冶屋の仕事と思われたくないのもある。仕事を見りゃわかるんです。へんなものは打たれん」

一徹な秋山豊さんの言葉に感じ入った。

夕方、三朝温泉に向かう。逢魔が時である。川に山に夜の気配が静かに降りてくる。昔ながらの建物がいい、とお願いして、登録文化財「旅館大橋」に泊めていただいた。三階から川のせせらぎを聴き、対岸の灯りを眺めて、「大当たり！」とホクホクした。川沿いの露天風呂もすばらしい。それでもちゃんと目立たなくサッシを入れ、クーラーを入れて近代化してあるところがニクい。

三日目。これまた珍しい名の宿場町智津《ちづ》に向かう。上方往来の重要な宿場であった智頭は鳥取から徒歩一日。参勤交代の殿様も泊まった。

道がゆるやかな坂になっているところがいい。ここには全国でもとびきりの地酒と名の高い諏訪酒造もある。土蔵に黒漆を塗った木綿屋こと米原家の建物に息をのんだ。なんと堂々とした、まるで人格を持っているようなたたずまいだ。反対側の塩屋こと石谷家は、江戸時代の大庄屋で宿場問屋である。どうぞ、と上げていただく。高さ十三メートルあるという吹き抜けの土間から上がり、畳廊下を幾重にも折れると亀田鵬斎や谷文晁の書画が何気なく置かれ、すばらしい山水の庭に出た。

この家は林業家でもある石谷家が持ち山の智頭杉で作ったものとか。九州の臼杵から嫁がれ、東京暮らしが長かったという寸美子夫人は「個人で財団を作って公開しても事務的なことをはじめ手間がかかりますので、町にさし上げることにしました。この家は私どもの誇りですし、これからは智頭に住んで見守っていきます」とさっぱりおっしゃった。資産に執着せず、公共の福祉を優先する。ノーブリス・オブリージ（高貴なるものの義務）を果たす方が日本にもいるのだ、と胸が熱くなる。

この家の一般公開を五日間行ったら全国から一万人以上の人が見に来た。観光資源としては超一級のものであろう。しかし、町が生き生きするにはそれだけでは足りない。寸美子夫人は町の女性たちと藍染め工房を始めたところ。そうした手仕事を生かした体験型宿泊施設はどうか。郷土料理、ここでなければ食べられない食文化も掘り起こしてほしい。日本でもそろそろ本格的なアーティスト・レジデンスができてもいいころだ。そんな夢が、雲のように、次から次へとわいてくる。

また来たい鳥取。いろんな宝物、多くの人々に出会った旅だった。

【朝勝館】鳥取県日野郡日野町根雨676☎0859・72・0015
【旅館大橋】鳥取県東伯郡三朝町三朝302－1☎0858・43・0211
【赤瓦五号館・久楽】鳥取県倉吉市新町1丁目2424－2☎0858・23・1130
【諏訪酒造】鳥取県八頭郡智頭町大字智頭451☎0858・75・0618
【石谷家住宅】鳥取県八頭郡智頭町大字智頭396☎0858・75・3500

長崎ぶらぶら街歩き——レトロな異国の香りを訪ねて〈長崎〉

長崎への憧れはグラバー邸にかきたてられた。高校のときプッチーニ作「蝶々夫人」のアリアを歌った。〝ある晴れた日に〟長崎を訪れたいと思った。

長崎らしいレトロなホテルモントレに荷を降ろす。僧院のような部屋の窓からは港と、旧英国領事館の煉瓦の建物が見える。オランダ坂を上って東山手に向かう。

東山手十二番館はじめ、すばらしい洋館が残る。その昔、ポルトガルやプロシア領事館や礼拝堂があった。石畳や石垣、煉瓦塀も居留地時代のものだ。

幕末でも西洋に学びたい日本人は長崎へ向かった。そのころの日本人は夢の持ち方が熾烈で、京都に行って医学を学ぶなら長崎のポンペが良い、と聞けばその足で長崎へ向かう。森鷗外の父、静男もそのようにして蘭医となった。

電車通りを渡り坂を上るとグラバー園である。トーマス・グラバーはスコットランドのアバディーン出身、幕末風雲の長崎を舞台に大胆な商売を行う。高杉晋作も彼をたずねて奇兵隊の武器を買った。ツルという日本人の妻との間に倉場富三郎という長男がいた。「蝶々夫人」の子のように父に捨てられはしなかったが、国際結婚の重荷を背負い、ついには自ら命を絶っている。

グラバー園には国の重要文化財の洋館が多く移築されているが、一番好きなのは旧オルト邸だ。広い回廊のついた建物で、風通しのよい列柱の回廊、木香バラのポーチがすばらしい。もちろんグラバー園と隣接する大浦天主堂を忘れてはいけない。元治二年創立というから禁教時代のもので国宝である。長崎では毎年、市民は踏絵をさせられていた。出島のオランダ人たちも、クリスマスを「阿蘭陀冬至」として、こっそり祝ったのだという。そういう厳しい時代の祈りがこの建物から匂い立つ。

南山手の屋根道を歩き、どんどん坂ぞいの洋館、南山手地区町並み保存会に所属する高木さん宅を拝見。

「昔はもっと洋館も多かったのですがね。私の家は父、高木義盛が外資系の大北電信に勤めてまして、外国人が引き揚げたあとに入ったのです。押入れがないので不便でしたが、天井が高くてのびのびしているし、ドアさえ閉めればプライバシーが守れるので、嫁姑問題は案外起きなかったようです」

八月九日の原爆では窓ガラスが割れるほどの被害しかなかった。戦後入ってきた進駐軍と英語の得意な父上は交流し、「この家でパーティもしたんです。外国人が来てギターを弾いたり、合唱したり楽しくやってました」と氏はなつかしそうに話してくれた。

江戸時代、徳川幕府が貿易していたのはオランダと清国だ。オランダの出島に光が当たるわりに、唐人屋敷は影がうすい。長崎くんち、精霊流し、中国盆など、長崎には中国色が強い。最近では旧正月の「ランタンフェスティバル」が大人気である。

最初に崇福寺《そうふくじ》へ向かう。竜宮城のような三門、国宝の第一峰門、立派な大雄宝殿など、ほとんど国の文化財、まるで中国のお寺のよう。寛永六（一六二九）年、長崎に在留していた福州人たちが、故郷から超然というお坊さんを迎えて建てた寺だ。宗派は黄檗《おうばく》宗、隠元禅師の開いた禅宗の一つ。

執念がすごい。第一峰門は寧波《にんぽう》で材を切組、船で運んで長崎で組み直した。航海の安全をつかさどる神、媽祖《まそ》様が祀られており、いつまでも旧暦の三月二十三日には華僑の人々は盛大なお祭りをするとのこと。

後ろの崖上から灰色の瓦屋根を眺める。味わいのある美しい本瓦だ。

そこから中華街を抜ける。長崎でしか見かけない金蝶ソースを買った。神戸、横浜と並ぶ中華街だが、いまはややさびしい。

港公園も中華風の門をもつ不思議な公園。不思議さをかもし出すのは、この公園でみんな青空将棋をやっていること。まるで中国の公園で青空麻雀をやっているように。

ここから広馬場商店街を抜け、唐入屋敷跡、いわゆる十善寺地区に入っていく。薬や砂糖、織物、陶磁器を運んできた中国人たちも、元禄二（一六八九）年から、この九千四百坪ばかりの土地に集住させられることになった。密貿易を防ぐためである。周囲を館塀で囲み、その外側に掘り、通路、竹垣と何段構えにも「隔離」された。

くねくねした道を上っていく。市場があり裸電球の下で野菜や魚を売っている。ディスプレイがそのまま芸術だ。

屋根がそり、白い壁に赤いラインの土神堂《どじんどう》があり、天后堂《てんこうどう》がある。天后堂は航海の安全を願ったもの。福建の人びとがどれだけの危険をおかして海を渡ってきたか、切なくなる。「明治になってもパスポートを持って来ない。港で同郷の人に身元を引き受けてもらって上陸しました。助け合い、人の世話になったら次の人に返す。それが私たちの掟です」と四海樓の陳さんが話してたっけ。

まるで迷路のような、生活の匂いが色濃い町。明治に森伊佐次という人が架けた森伊橋、煉瓦塀、看板まで人間の体にあわせ、ちんまりとかわいらしい。上からの計画ではつくれない、人々によって〝生きられた町〟である。

出島は文字通り、西洋文化の出窓だった。海は埋め立てられ、扇形の出島の形はもはやないが、発掘、復元がいままさに行われている。カピタン部屋とはオランダ商館長の住居である。絵図によれば、畳敷の上にテーブルを持ち込んで食事をしたらしい。

なんと遊女部屋もある。上級の商館員は遊女を招《よ》んだ。紅毛碧眼の大男に抱かれて、どんな気持ちがしたものだろう。そして数多くの子どもが生まれたがその行末を知るべくもない。

その遊女を供給したのが丸山花街。幕末の志士たちもここで遊んだ。いまでも料亭花月、梅園天神、玉泉稲荷などにその面影が残っている。

そこから中島川沿いの石橋を見て歩く。昭和五十七年の大水害で欄干が壊れたけれど、市民の要望と執念で名物眼鏡橋は見事に復元されていた。

川の東側の山沿いに寺が並び、このあたりは福沢諭吉が泊まったり、坂本龍馬の貿易商社亀山社中があったり、上野彦馬の写真館があったりと維新史の舞台である。

梅壽軒《ばいじゅ》に寄る。口砂香《こうさこう》もザボン漬けも、ともかく甘い。カステラは松翁軒で手焼きの作業を見る。これもポルトガル渡り、卵と粉と、それに砂糖をどっさり入れて焼く。敷紙にざらめを散らせてまた甘さを強調する。でも慣れてくるとこの甘さがたまらない。文人の香りする社長さん、「一葉の『にごりえ』にもカステラが出てきますね」とにこり。たしかに銘酒屋の女お力が愛人の子にやるシーンがある。見慣れた大福でなくこんなハイカラな菓子を誰からもらったの、と母親は問いつめ嫉妬する。効果的なシーンだ。

長崎の歴史で逃せないのは米軍の原爆投下である。一九四五年八月九日十一時二分。B

29からファットマンという新型爆弾が長崎に投下された。死者七万三千八百八十四人、ほぼ同数の傷者がいる。米軍は初め北九州小倉に落とそうとして視界不良のため果たせず、目標を長崎に変えたのだという。

前に原爆資料館を訪ね、半日以上いたことがあった。体験者の語るテープを私はえんえんと聞き続けた。今回は爆心地公園に行った。焼かれた家々、ここにあったはずの人々の暮らしを思うとめまいがする。

夜、稲佐山からキラキラ光る夜景を眺める。爆心地公園の位置も確かめた。


「甘くない」ことを「長崎が遠い」というらしい。砂糖が船来品で長崎からしか入ってこなかったころ、砂糖をたくさん使うことが最高のもてなしだった。

一度は、と思った卓袱《しっぽく》料理を「春海」でいただく。関東者の私にはやや甘く感じる。といってもお豆の炊いたのも、豚の角煮も卵料理も、上品な甘さで、色どりも良く実に結構でした。朱塗りの円卓からみんなで取り分けて、上下分け隔てなしというのも面白い。

「建物は明治四十年そのまま、私どもは昭和二年から営業しております」という若おかっつあま（女将）のたたずまいの美しさ。

長崎といえばチャンポンに皿うどん。うまい店は誰に聞いても一致しない。長崎人それぞれお気に入りのマイチャンポンがあるらしい。ならば発祥の店へ行こう、と四海樓へ。明治三十二年創業、海を見はらす豪壮なビルだが、千円ちょっと。小麦粉に唐灰汁（炭酸ナトリウム九〇％）を入れて作ったソフトな麺はさっぱりした風味。むしろ皿うどんの方が油気もあり、パンチがある。

もう一つ、東京では見かけないのがトルコライス。ピラフにスパゲティ、豚カツにカレーが一皿にテンコ盛り。「ツル茶ん」で試したそれは、あれも食べたい、これも食べたいの庶民感情を素直に表現した逸品でした。

【岩永梅壽軒】長崎県長崎市諏訪町7－1☎095・822・0977
【春海】2019年3月末で閉店
【四海樓】長崎県長崎市松が枝町4－5☎095・822・1296
【ツル茶ん】長崎県長崎市油屋町2－47☎095・824・2679

唐人屋敷内の天后堂

長崎唐人屋敷の細い坂道

川越は、夜がいい〈埼玉〉

三年ばかり、川越の大学で教師をしていた。近くに小江戸川越があるのを楽しみにしていたのだけれど、五時限を終えて古い町並みまで行くとすでに店じまい、まさか授業の前に遊ぶわけにもいかず、親しむに至らなかった。

池袋から東武東上線急行でたった三十分である。駅の改札を出ると観光案内所があって地図をくれた。まずは川越繁栄のもと喜多院にうかがう。

山門を入ると、広い境内の向こうに本堂、右手に庫裏の入り口があった。ようこそ、と迎えてくださったのは住職の塩入秀知さん。

「それは長い長い歴史があるのです。奈良時代にさかのぼるかもしれません。はっきりしているのは平安時代の天長七年（八三〇）慈覚大師円仁《じかくだいしえんにん》によって創建された勅願所で、本尊に阿弥陀如来を祀《まつ》り、いまも慈覚大師を崇敬する方がお詣りに来られます。寺の名を無量寿寺と申しまして、中院を中心に、南院があり、当時ここは北院といわれました。鎌倉時代から大きな檀林（学問所）として機能し、長く関東の天台宗の中心でありました。慶長四年（一五九九）にいたって、天海僧正が二十七世で住職となられます。慶長十六年に家康公が川越に来られて、境内の大普請を指揮されました。北院が『喜多院』と改められ、その後寺領五百石を下されるなど、喜多院の勢いが強くなります。

ところが寛永十五年（一六三八）に川越の大火がありまして、いまも残る山門を除きすべて焼失しました。そこで時の三代将軍家光は、当時の川越城主堀田正盛に命じて江戸城紅葉山の別殿をここに移築させました。そのこと自体、いかに喜多院が優遇されていたかの表れですが、家光誕生の間や春日局化粧の間があるのはそのためです。江戸城は何度も焼けましたので、これが現存する江戸城御殿唯一の遺構ということになります」

こうして見ると川越と江戸の関係は深い。川越喜多院の住職であった天海僧正は、徳川家康、秀忠、家光の三代の将軍の帰依篤く、黒衣の宰相とさえ言われた。その建言によって、寛永年間江戸という町を守るため、東叡山寛永寺が創建され、その後そこに将軍の墓をつくり祈願寺兼菩提寺となっていく。天海は百八歳で入寂。

見事な庭がふたつあり、片方は江戸城紅葉山を真似て造られたもので、ツツジが満開、もうひとつは小堀遠州流の枯山水である。

山門前の日枝神社は赤坂日枝神社の本祠であり由緒正しきものだ。そして傍らにはあまり人が訪れないが立派な東照宮があった。これら多くは国の重要文化財に指定されている。

喜多院ばかりが目立つが、かつて無量寺の中心であった中院は、静かで境内の樹木の配置も奥ゆかしい。ここにはのちに述べる島崎藤村が、義母加藤みきのために造らせた茶室が移築してあった。南院の跡は小さな墓所だけが残るが、廃寺は歴史というものをしみじみ感じさせる。

喜多院の北に川越城本丸御殿があるが、今日は修復中とか、閉まっていた。この城は江戸城を開いた太田道真、道灌親子が築城したもので、江戸に入ると川越は関東の物資の集散地となり、それを新河岸《しんがし》川の舟運で江戸に運んだ。〝北の守り〟として枢要な土地であって、代々、親藩譜代の有能な臣をここの城主に置いて、最大時には十七万石を与えた。

意外に関東人は、かつて誰が自分の土地を治めていたか知らない。東京の通勤圏として顔が東京に向いているうち、ふるさとが城下町であったことを忘れてしまったのだろうか。川越の場合、殿様がくるくる代わったということと、幕閣の中心にいて川越滞在が少なく領民が親しみを持てなかったこともあるだろう。幕末の殿様を松平大和守直克といい、彰義隊研究者である私は、「上野寛永寺大慈院に謹慎した徳川慶喜の助命嘆願に幕府を代表して行った人」と記憶している。明治以降、川越城のほとんどは壊され、跡地は学校や住宅になった。廃仏毀釈で寺は衰微した。誰も歴史などに見向きもしない時代が続いた。

小さくレトロな車体のイーグルバスに乗り、古い町並みの一角で降りる。若い運転手さんは観光ガイドも行い、親切だ。外国のお客さんには英語で話しかける。蔵造りの町並みは明治二十六年の大火のあとのもの、よほど火事がこわかったのか、漆喰《しっくい》で塗り固めた堅牢な建物である。鬼瓦には波のような模様を施し、水のサインで火事を防ごうとしている。並びに、国の重要無形民俗文化財に指定された川越まつりの資料館「川越まつり会館」があって入ってみた。どうして奥が深い。上に大きな人形を飾り、下にお囃子《はやし》をのせる江戸系の山車だが、人形をのせる台座が上がり下がりする。ここも結構な人であり、シニアボランティアの方々は、来客を大切にしてよく説明していた。

昔の川越を知っている方として、佐久間旅館主人佐久間勇次さんにお話を聞くことができた。大学に勤めていたころは試験の前など何度か泊めていただいた。部屋が広くて落ち着くし、中庭の緑や池が見える。そのうえ食事がすばらしい。特に朝ごはんがすてきな宿。ご主人は大正十三年生まれ、小学校に上がったのは昭和五年だという。

「私が物心つくころの人口は三万五千人程度だったけど、今三十三万人でしょ。東京のベッドタウンになってマンションもずいぶん増えました。

この辺は昔は米問屋ばかり並んでいてね。近在の米を荷車引いて買い集めて、新河岸川の船着き場から東京へ運んだんですよ。浅草の松屋デパートがありますね。あの辺に荷揚げ所があったんだ。つまり川越は、江戸の食料基地ですね。そして帰りの舟に江戸の文化をどっさり積んできた。小江戸というのは小京都とは意味が違いますね。むかし江戸との流通拠点として、どのくらい関係が深かったかということです。

いまにつながる城下町の基礎を作ったのは、城主だった松平信綱、通称知恵伊豆と言われた人です。野火止用水をつくり、このあたりを開墾しました。そこに救荒作物であるサツマイモを植えたんです。何しろ江戸百万市民の食糧に責任あるからね。面白いのは薩摩では中国からわたってきたのでカライモといい、ここらではサツマイモという。仙台あたりでは川越イモとよびますね。

まあ空襲がなくてよかったね。それでも戦後の四十年代はいまの古い町並みは人気がなくってゴーストタウンみたいだった。いまこんなに人が来ているのが嘘みたいですね」

戦後、道路拡幅計画があり、模様眺めでみんな新築をためらった。蔵造りは堅牢すぎて壊すのも大変だった。そのうちに世の中の流れが変わり、市は蔵の町並みを観光資源として活用することに方針を変える。電線を地中化し、しゃれた街灯をつけ、看板の色なども渋く抑えた。それにしても来るたびに修復が進み、新しい店ができている。

佐久間旅館の歴史も興味深い。

「うちは佐久間軒てね、明治の最初に浅草で乗り合い馬車を始めたんです。初代の佐久間勇次郎は房総の人で渋沢栄一のお抱え運転手でした。水戸まで歩いて行くと三、四日かかる。それを馬車だと一日で行けますから、当時の新幹線、夢の乗り物だった。ところが明治五年には新橋―横浜間の汽車ができるし、おいおい市電も引けるというので、明治十六年に川越に移ったわけです。馭者の仕事がなくなると困るしね。

ここから飯能、大宮、東松山、日本橋などに馬車が出てました。日本橋まで四十キロ、途中十キロおきくらいに立場という停留所みたいのがあって、馬の交換をしたり、お客も降りてお茶を飲んだり。外国では六頭立てとかありますが、日本では一頭で引いていた。

馬は夜道を怖がりますから、朝出て昼頃着く。折り返して日暮れに川越に帰る。その馬小屋もあったし、お客のために旅籠も必要になって、明治二十七年、現在の場所で旅籠を始めたんです。川越は宿場でないから、それまでは木賃宿のようなものしかなかったからね。軍人、皇族、文人墨客数えきれないほど見えました。三笠宮さまもお気に入りで、その後、何かで近くにお見えになった時、佐久間の女将は元気かね、とおっしゃって母が飛んで行ったことがありました。

文人といえば戦前、島崎藤村先生が何度かお泊まりになりました。あの先生の最初の奥さんは函館の網元の娘だが、子ども遺して亡くなっちゃってねえ。二度目の奥様の静子さんが川越のお医者さまのお嬢さんで。私は中学生で、教科書に『まだ上げ初めし前髪の』って詩が載ってるくらい偉い人だから口なんて聞けませんが、奥の座敷で大きい白い原稿用紙に向かっているお姿は見えました。夏でもちゃんと足袋を履いてね。堀口大学さんもいっしょに見えたな、木曾の人だから、よしきりの鳴くのが聞きたいとおっしゃって、川に鮎漁に出たんです。この上流に小沢屋ッて船宿がありまして。そこで鮎を釣ってにっこりした先生の写真がありますよ。藤村先生の笑った顔の写真は少ないんだ。

戦後で言えば、毎日新聞の将棋の名人戦をうちの『奥の間』でやったことでしょうか。神経は使うし、貸し切りだけどそんなに人は泊まらないし、商売は上がったりでしたね」

日大で長く動物学の教授を務められ、退職後は川越蔵の会を結成、いまの町並み見直しのきっかけを作った。いかにも小江戸っ子の磊落な方である。

川越と言えば唐桟《とうざん》、縦縞の木綿で唐桟の中でも川越のものは川唐《かわとう》といわれ、綿とは思えないこなれた手触りで珍重された。その川唐を着ることも川越で見直されつつあるが、織り手の高齢化により、希少価値となりつつある。一方、川越は着物の似合う町、気楽に着物を着て町を歩こうというグループもある。その中心が仕立て職人の小杉亘さん。平屋のかわいいお家の囲炉裏のある部屋で待っていてくださった。

「現在九十九歳の父が仕立て職人でした。私も脱サラで跡を継ぎました。楽そうに見えますが、畳の上の車引きッていってね、結構重労働なんです。昔は無理を言うお客も多くて、夕方反物を持ってきて、あしたの昼までにどうにかしてちょうだいなんて。一日で着物と羽織を縫うなんていばっている人もいましたが、それは縫い目が粗いんでね。ただあんまり細かく縫っても、着物は洗い張りに出しますから。お尻の引っ張られるところとか、要所要所はしっかり縫って、あとはすぐばらけるのが腕のいい職人の仕事です。着物は平面でたたんで、いくらでも重ねられますし、縫い直せば誰にでも着られる。これなんか母の着物です。おまえ着るかい、というんで男物に仕立て直しちゃった。傷んだ所は襟の中や下前に入れれば目立ちません。流行もそうない。こんな合理的な衣服はないんです。でもちょっと敷居が高い。それでみんなで誘い合って着るようにしました」

着物の話を始めると止まらないの、と奥様がお茶を入れ替えてくだすった。「森さんも、ぜひお召しになってください。女性はいつまでも色気を忘れちゃいけません。いくつになっても、私を口説いてどうするつもり、って風情を見せなくちゃ。男は下腹にぐっと力を入れて、おれを見ろ、という感じで着れば、姿勢もよく、貫禄も出ます」

楽しんでいらっしゃるご様子。川越のおいしい店もたくさん教えてくださった。

もう夕方、時の鐘が最後の時を告げた。いまから私の好きなうなぎ屋小川菊《おがきく》に寄ろう。といっても数度しか入ったことはないし、七時には閉めてしまう店だからと少し小走りになる。

大正浪漫夢通りという石畳の道にあるこの店は三階建て。宣伝嫌いで、取材もめったに受けないが、たまたま若旦那が『東京人』の長い読者であってお話を聞けることになった。

「おかげさまで、このところ混み合ってお客さまをお待たせしたり、お断りするのが本当に心苦しくて」と若旦那の小川修一郎さん。

明るい目をした謙虚な方である。小川菊は文化文政期の創業。そこから明治三十年に出た店がもうひとつの老舗、「小川藤」である。

「昔はこの辺の川でどこでもウナギがとれたようなんです。農家が片手間にとったのを、喜多院の堀をいけす代わりに放り込んでおいて、それを店に持ってくるといい小遣い稼ぎになったようです」

店構え、柱は華奢でいかにも凝り性の棟梁が建てたのではないかと思う。簡素でもあって、卓、お盆、山椒入れ、団扇、時計、すべて年代を感じさせ、これ見よがしな所がない。そんなのを眺めながら、しばし待つ。塗りの重箱にしっかり大きなうなぎ。たっぷりの漬物、そして香り高い肝吸いが運ばれてきた。甘すぎず辛すぎず、中はふんわり、外はかりっと。若旦那は首を傾げ、「別にねえ、仕入れは問屋さんに任せているし、たれも特注の醤油を使っているわけでもないし。昔に忠実に、味を維持しているだけなんですが」。この店は映画監督山本嘉次郎がひいきにしてその伝手《つて》で篠田正浩、松山善三その他の映画関係者が来たはずだが、若主人、そんなこともおっしゃらない。

代わりに江戸末期の大福帳を持ってきた。片方には仕入れ、こっちは注文帳と思いますが。二人でのぞき込んだ。奥の板場には大正十五年生まれのご主人健次さんの一徹な顔がちらりと見えた。「父は後ろを振り向かない人で、古いものに興味がない。この家も三階は壊してとっちゃおうなんていうので、私と市役所で必死に止めました。小規模にしてできるだけ目立たないように商売したいというのが父の考えなんです」。どんな商売も世代間の軋轢があるけれど、小川菊さんでは父子、どっちの考えも支持したくなる。とはいえ、まじめで慎ましいのはお二人の共通点だ。

お酒は、と聞くと、同じ埼玉の「神亀」を置いています、とのこと。これまた蓮田で小川原さんの造る正直で力のある酒。この次は、うなぎを肴に神亀をぬる燗でやりたいものだ。わざわざ遠くから来たのに入れないの、なんていって若主人を悲しませないでほしい。混むのは昼で、四時からの夕の部はたいていい入れるから。

店を出ると、観光用の店はほとんど閉まっていて、地元御用達の店の光がぽつぽつ灯る。川越はようやく静かになった。よかったね。町がみんなのところに戻ってきたのだ。

【佐久間旅館】埼玉県川越市幸町11－2☎049・224・0048

【小川菊】埼玉県川越市仲町3－22☎049・222・0034

【小川藤】埼玉県川越市松江町2丁目3－1☎049・222・0643

川越の町並み

うなぎは川越の名物

鶴岡にて、墓を抜く旅（山形）

飛行機はいきなり揺れた。それでも東京朝七時三十五分出発の一便で、私は九時前には鶴岡市内にいた。合併で羽黒町や櫛引町や、九つの自治体が一つにまとまり、十九万人の大都市になったと聞く。

私は小さなころこの街に何度か来た。母方の祖父母の墓があるからだ。これも複雑な話で、母は日本橋の生まれ。だが、実家が没落し、離散して浅草の子のない夫婦にもらわれた。その義理の父母の出身地が山形の鶴岡なのである。

小さいころ、お墓参りに行くと末広とかいう親戚の家に泊まった。下の店の広い店構えを覚えている。そこの二階に上がって遊んでるとき、下からスイカを切ったよと呼ばれたりした。熱海温泉の萬国屋とかにも泊まり、昭和天皇の泊まった部屋を覚えている。

最後にお墓参りに来たのは中学三年生の夏、すでに三十五年経っている。母が、行くなら墓参りをしてきてくれと、お布施の入った封筒をことづけた。母は本家の一人娘で、祖父母の死後、五十年近く墓守をし、遠くからお布施を送り続けてきたが、年もとり体も不調なので、この辺で住職と相談して、お骨を東京の森家の墓に移させていただくか、あるいは土に戻していただければとの考えであった。その菩提寺は寺町にあり、隣が藩主酒井家の墓のある上念寺で、この辺は藤沢周平の小説にも海坂藩としてよく登場する。

寺は娘さんが広島から婿さんを迎えているが、その現住職も今日は檀家まわりで不在とのことであった。本堂の裏手に墓はすぐ見つかった。私を招いてくれた鶴岡市役所の方が、花とろうそくを用意してくださり、私はそれをありがたく上げて手を合わせた。昭和八年に私の祖父にあたる橘樹俊三が建てた墓だが、その隣にある石碑の書は見事である。二代目沢井松次郎という人がこれを建てているが、戻られた若住職に聞くと、これが俊三の父であり、兵役逃れか何かで養子に入ったようである。その妻、俊三の母にあたる人は、工藤家から嫁いできた人でこの工藤家も歯医者であったようだ。

「私も最近広島から来たので昔のことが知りませんが、この前、俊三さんの弟の四雄さんの息子さんが見えました。妹のいくいさんの息子さんも奥様といらっしゃいました」
ということからも、この墓にはまだたくさんの人が関係しているらしく、母が言うようにおいそれと破却はできないのではなかろうかと迷う。

私はその写真を撮り、寺を辞した。それから国の重要文化財である丙甲堂《へいしんどう》へ赴く。ここは石置き屋根が見事である。さらに国の重要文化財である鶴岡カトリック教会も訪ねた。教会のほうは白いベールをかぶった信者さんたちが集い、畳の教会堂で賛美歌を歌ったりして、生活感が溢れていた。鶴岡にはもう一つプロテスタントの教会もあるようだ。

どうにも体が冷えるので、百間堀という所の新しい水に面したレストランで熱いコーヒーを飲む。堀越に見える建物は慶応大学の先端研究所と、それと連動する東北公益大学の大学院である。学部は酒田にあるという。黄土色の美しい建物群は学生寮や先生のための宿泊施設であると聞いた。

鶴岡に行きたい、と時々母は言う。三月十日未明の下町の大空襲で浅草で被災して焼け出された母は、運良く命を拾った。土左衛門になるくらいなら松ぼっくりみたいに黒焦げになる方が良いという祖母の言により、家族は隅田川に向かう人々の群れと反対に浅草寺境内境内へ逃げた。震災のときも観音さまが守ってくださったというのが頼みの綱であったが、この空襲では御堂が焼けた。香木でできた仏像が焼けてとてもいい匂いがしたという。浅草六区の映画館のコンクリートの建物が火を遮断してくれ、ひょうたん池の水をヤツデの端に浸して、お互いの火の粉を払い、どうにか一夜を明かした家族はその足で上野駅に向かう。温かいおにぎりを一つもらい、そのまま罹災列車に乗り込んで鶴岡に向った。もう怖くて東京にはいられないと思ったのであろう。運賃はただだった。

鶴岡では親戚もそれぞれに忙しく、ある農家の離れを借りて丸二年を過ごしたようだが、母にとっては鶴岡はなつかしい青春の地である。鶴岡高等女学校に通い、疎開仲間の青年たちと劇団をつくって芝居に夢中になった。そんな思い出話をしながら、とても列車で鶴岡まで行く自信がないとこぼすのである。

私はできたばかりの芸術ホールを見てから、昼ごはんを食べた。松花堂弁当であったがご飯も天ぷらも焼き物も温かくおいしかった。そこに色白の瞳のきれいな女性が現れた。この方は酒井賀世《かよ》さんといって庄内藩主十八代目のお嬢様である。いま旧藩主地元に住んでいる方はどのくらいいるのだろうか。

「私どもの家は東北列藩同盟に加わり、朝敵の汚名を被りながら、維新を西郷南洲神の寛大な措置で罪を許され、会津藩の方たちのように下北へ移封されるということもありませんでした。がその後、西郷さんが西南戦争で果てられ、それとともに西郷の一味と目されて降格されたので、東京にいるのも嫌になって、先祖は帰ってきたようです。私も大学時代は東京におりまして、弟はいまも京橋で働いておりますが、父も母も鶴岡におります」

致道博物館の学芸員をしておられるが、ここには文化財が山のようにある。

「母がぜひ松ヶ岡開墾場の方にもお越しいただきたいとお待ちしております」

爽やかな人であった。私は午後、羽黒山を訪ねるつもりだったが、足も少し痛めていたので、あの長い石段を登る気力がなかった。代わりに櫛引町の黒川能の故郷を見に行ったが、だんだん空は青い空がどんよりと曇ってきた。運転手さんは、いかにも庄内らしい風景です、と言った。田は刈り入れが終わり、遠くの山並は紅葉が終わろうとしている。櫛引の黒川という集落に五百年以上も伝わるのである。清和という苗字が多いことからも清和源氏の流れで、都の貴人が伝えたのであろうという説もある。

毎年二月には上下二百五十の集落の百人を超える役者が一晩中、能を奉納する。

女の人は出られないのですかと聞くと、「みなさんそうおっしゃるけど長い間のことですから、特に疑問を感じません。食事の世話や客の泊まりの裏方はみんな女性で役割分担がはっきりしています」とのこと。当番の家では、昔は家を新築し、能舞台を作った。衣装も酒井家からの援助も大きかったが豪壮華麗なものである。

いまでももてなしの焼き豆腐を作り、当番の家で奉納するなどこの祭りの準備は大変なものである。家によって役者の十八番がある。

「この子は三番叟を演ずる家の子ですね。身内びいきですが、割と美形な子が多いように思います」とのこと。四つぐらいから稚児を務め、大人たちのマンツーマンの練習で、しきたりやしぐさ振る舞い礼儀を学んでいく。集落がその子育ての力を持っているのだった。

さらに松ヶ岡開墾場に向かう。秩禄処分を受け無収入となった庄内藩の武士は、ここ松ヶ岡に明治の世に乗り切る相互扶助の共同体を作った。十八代の当主手酒井忠久さんが待っていてくださった。

「蚕糸小屋は明治七、八、九年と建てられてました。鶴岡城が廃城となった時、その瓦をおろし、七里半の道をここまで運んで作ったものです。それも藩士三千人が道に並んで石のリレーをしてみたり、大八車で運べるほど良い道じゃなかったようですね。やっぱり背負って運んだほうが早いということになりました。これを指揮したのが菅秀実《すがひでみ》という家老です。庄内藩では武士といっても武芸の稽古ばかりではなく、屋敷内で畑仕事をしていたらしく、組に分けて競争で開墾したそうですが、大変でした」

藩士たちは綱領を作り、厳しくそれを守った。一方、藩主とその弟はヨーロッパの近代農業学ぶためにと、五年を彼の地に過ごすが、その見送りのため、藩士たちは一人ずつ漢詩を作って送ったというのがすごい。文化の高さ、驚くべきである。

その中の一人が庄内柿の育成に成功。昔、私の家には〝源内はんの姉はん〟と言う人から、必ずだだちゃ豆と庄内柿が届いた。いつごろが食べごろですと小さな手紙が入っている。庄内柿は小ぶりで美しく、渋柿なのだが焼酎で渋みを抜くことで甘くなっていた。いまはそれもしなくてよいという位改良されている。〝源内はんの姉はん〟は大地主に若くして嫁いだが、まるで農作業と家の切り盛りと病弱な夫の介護のために嫁いできたような人だった。疎開で身を寄せた少女の母は、このいくらも年の違わない若い嫁に同情して、仲良く米作を共にしたという。

夫人の天美さんは東京育ちだが、酒井家の歴史に詳しく、またこの松ヶ岡の志というものをいまに受け継ごうとしておられた。いまでも松岡物産を経営し、細い糸を引いている。

「蚕が自分の身を守るために必死で糸を作ったものを人間が奪うんですから、それはやさしく大事にしてあげないとね」

独自の絹の製品を作り、市販していた。フランスでもリヨンなどで国産の絹の製品を作り続けている。その代表がエルメスでブランド化に成功している。いくら中国の絹が安いといっても、良いものがわかる人がいるはずだと天美さんは言う。

ここでいただいた本には酒井玄蕃のことも多く収められていた。幕末の猛暑で鬼玄蕃と言われ庄内に官軍を一兵たりとも入れなかった。外では戦って強かった。しかし鬼玄蕃の名とは対照的に、白皙《はくせき》の美成年だったという。優しい人で、斥候を出せば帰るまで起きて待ち、移動中に雨が降れば、将兵がまず屋根の下に入れなければ自分は入らなかった。大阪城に部下をすべて置き去りにして、自分だけ軍艦で江戸に逃げ帰って徳川慶喜とはなんという違いだろう。この酒井玄蕃は惜しくも肺結核で明治五年になくなるが、その弟は松ケ岡開墾場のリーダーの一人であった。

夕暮れが早い。私たちは庄内国際村へ向かう。今日はこれから私が小さな講演をすることになっていた。スライドなどを揃えていると、母方の親戚にあたる斉藤さんご夫妻たちが見えた。

「あんたは文化財の保存してるそうだが、おじいさんの俊三さんは、人の面倒見の良い人で、本当に保存したくなるような人でしたよ」「あっこちゃんは元気ですか」。母晃子のことである。二人は母の写真を何枚か複写して持ってきてくださった。子どもの母は輝くばかりの美少女である。そして私はまったく似ていない。「今日は天気が悪いけれど、お母さんが戦災で焼け出されて鶴岡に来て苦労したのはこんな天気の中だったんだよ。それがわかってもらえるかと思って。おじいさんはこっちに疎開して、畳の上に椅子を備え付けて歯医者を開業したんですよ」

祖父も祖母も六十過ぎに亡くなっているが、写真で見ると八十位にみえる。戦中戦後の苦労のせいだろうか。

講演した後、湯田川温泉の九兵衛旅館に着くと、九時過ぎだというのにちゃんと温かな料理を出してくれた。部屋も食事も従業員のもてなしも非の打ち所がない。なんでも女将は藤沢周平さんの教師時代の教え子だそうで、本棚にはいっぱい藤沢さんの著書が、そして色紙や手紙が飾られたコーナーもあった。「そろそろ忘年会シーズンで今年もお騒がせいたします。五月の孟宗竹コースのころにまたおいで下さい」と若い仲居さんは親切だった。

朝、庭の木々に雪の積もるのを見る。だんだんあれこれ見学した後に雪見風呂まで。露天風呂に入って空を見上げた。朝一番の便でまた帰らねばならない。飛行場の窓から見ると大風が吹き、あられが滑走路に焚き付けて白い模様をつくっていた。

【久兵衛旅館】山形県鶴岡市湯田川乙19☎0235・35・2777

※それから。母と妹と義嫁と娘、私を入れて五人の女子旅行で念願の鶴岡に行き、お墓を閉じた。そして母はなつかしい〝源内はんの姉はん〟に再会したが、それが最後の機会となった。

第五章

いざ東北へ

強運の牡蠣〈宮城〉

二〇一一年三月十一日、人生で最も衝撃を受けた日となった。

私自身、東京にいて、震度5以上の地震は体験したことがなかった。その日、築百年の蔵で本の整理をしていたが、慌てて外に出ると、電線はブルンブルンと回り、ブロック塀が大きく横揺れしていた。公園に逃げてきた人が「東北が大変なことになっているらしい」とつぶやいた。

私の父方は宮城県の南端の丸森町、母方は山形の鶴岡が先祖の地である。その丸森で私は震災直前の三月二日まで畑を持っていた。数年間、晴耕雨読そのものの暮らしを楽しませてもらった。ここは内陸の里山であり、津波に遭った沿岸部からたくさんの人が逃げてきた。私が家財道具も本も地域の人に差し上げて撤去した小さな小屋にも、南相馬で家を失った人が入っていると聞いた。こんなことなら、冷蔵庫も洗濯機もカーテンも、食器も鍋釜も置いてくれればよかった、と思った。

神戸の地震の時はまだ三人の幼い子を抱え、何も手伝えなかった。今度こそ、と思った。震災一ヶ月後には、「仙台に少年ジャンプが一冊しか入らなかったらしいんです」と集英社の編集者Tさんが悲しがる。東北にジャンプを届けに行こう、私たちは漫画やその他の絵本、大人の読める楽しそうな本を集め、ハイエースで東北道を飛ばし、南相馬から始まり、相馬、山元、亘理、岩沼、閖上《ゆりあげ》と北上しながら石巻まで走った。十九の避難所をこの目で見届けたことは、その後、いろんな意味で勉強になった。

それから数年、私の旅は主に、東北に行くことだけになり、西には向かわなくなった。福島の海は、茨城の海と繋がっているのに禁漁となった。宮城県丸森の山菜や筍はかなり長いこと放射性物質が検出され、出荷停止となった。中でも最もよく通ったのは石巻の北上あたりである。

後になって思えば、石が渦巻くという地名自体、何か、強い波を思わせないでもない。波分、波立、渡波《わたのは》、追波川など、津波の警鐘と思えなくもない地名も多く残っている。仙台に次ぐ沿岸の大都市で、中心部には石原軍団をはじめとしてたくさんの支援やパフォーマンスがあったが、中心から離れれば離れるほど、支援が届かなかった。

最初のうちは仙石線も途絶し、東松島の駅まで、迎えに来てもらう、そのうちには仙台からバスに乗り、追波川という停留所で迎えを待つこともあった。物書きとしては、この目で見ることは使命である。私のしたことは、例えば現地に無傷で残っていた東京駅の修復用スレート瓦をちゃんと使ってもらうキャンペーンだったり、現地ＮＰＯのために支援金を探したり、大変な状況を記事に書いたり、というようなことだった。

北上には前から懇意な茅葺き屋根の会社、熊谷産業があり、社屋も家も流されていた。社長の熊谷秋雄さんは驚くべきスピードで、高台に民間の災害復興住宅を工学院大学と共同でその年のうちに建てた。しかし、避難センターに指定された吉浜支所でたくさんの人が亡くなったことについて、現地には悲しみが広がっていた。父上で会長の熊谷貞好さん。

「津波が来たのは地震の一時間以上後なんです。地震の時、うちの社員は北上川で茅葺きに使う茅を取る作業をしていました。津波が来るからすぐに上がれえといって、私は車に乗って近所の人たちにも逃げれえ、と言って歩いたんです。みんなはまさか、河口から四キロ以上、津波がさかのぼってくるとは思わなかった。一九六五年のチリ津波でも、堤防はかさ上げしてあったので、安心だ、という人もいました。わざわざ川を見に行った人もいる。避難場所に指定されていた吉浜支所に逃げた小学生も七人亡くなりました」

一方、秋雄さんは、「後ろが災害危険地域で、建物が立たないのに、巨大な防潮堤を川沿いに作るというのは景観の破壊、税金の無駄遣いで、意味がわからない」と怒っていた。こんなコンクリートの防波堤だらけになった海沿い、川沿いを、国は三陸復興国立公園に指定した。

悲惨としかいいようがないのは、対岸の大川小学校で、逃げもせず、校庭で待機させられていた児童七十四人や教員・職員が波に飲まれた。津波てんでんこで、中学生が小学生の手を引いて高台へ逃げ、学校にいた児童全員が助かった釜石小学校と対照的である。北上大橋が落ちてしまい、ここに行くにはかなり上流の橋を迂回しなければならなかったが、私は何度もここを通り、手を合わせた。というのはその先の尾ノ崎にも震災以前から懇意にした牡蠣養殖家、坂本清子さんがいたからである。彼女は民宿のんびり村を経営していた。

尾ノ崎の集落は海側の背後を山に覆われ、それほどの被害がなかった。住民は高台になるお寺に避難し、助かった。この長面浦《ながつらうら》と言われる内海は、まさに山の森からの養分が海に流れ出し、牡蠣の養殖には最高のところだった。震災前に訪ねたときにも「うちの牡蠣は他の倍の速さで育つ」と聞いていた。その牡蠣も牡蠣棚の五台のうち三台が無事で、「強運の牡蠣」と呼ばれた。しかし、尾ノ崎までの集落はほとんど流され、田んぼは川になり、集落には電気や水道が来ていないので、住むことができない。

どうにか支援できないか。二〇一一年十二月、この牡蠣を東京へ運んでもらい、震災の話も聞きながら味わう会を企画した。当時、みんなが気にしていたのは放射性物質だが、北上は福島の原発からは一五〇キロ、東京と同じだけ離れており、さらに北上川は栃木を源流として北に流れている川である。それでも一応、宮城県の検査結果を取ったが、不検出ということだった。

根津の喫茶店の会場には三交代、のべ四十人の住民が集まり、坂下清子さんから牡蠣の剝き方なども教わり、生牡蠣、カキフライ、牡蠣のグラタンを賞味した。北上川のヨシをすき込んで育てた大内弘さんのおいしいお米もたくさん売れた。

その後も、私は丸森、石巻、そして釜石、宮古など、機会があると行っている。あまりの回数行ったので、新幹線のグリーン券やコーヒー券もずいぶんもらった。できることなら、被災地支援は割引にしてもらいたいものだが。そのうちに六十歳になり、いまは三割引のジパング倶楽部で行っている。

白石蔵王の駅に着くと、畑仲間だったマリちゃんが「お帰りなさ〜い」ときれいな声で迎えてくれる。あら、髪型変えたの、しのぶさんはどうしてる？ 温泉に寄って行こうか、などとたわいない話をするのが、私にとってなんともうれしい旅の時間だ。

奇跡的に残った牡蠣棚

坂下清子さん

上野駅と東京駅　駅は誰のものか?〈東京〉

本橋成一さんという写真家がいる。二十代から九州の炭坑や、サーカスや、魚河岸など、ふつうの人々のなりわいや暮らしを撮って評価が高い。九十年代、『ナージャの村』『アレクセイの泉』などチェルノブイリ原発事故の現地の人々を描いた映画の監督として国際的な賞をたくさん受けた。

わたしが本橋さんと出会ったのは、一九八九年ころ。折しもバブル経済が始まり、東京中が再開発の嵐だった。国鉄からＪＲに分割民営化されて、あちこちの駅舎が高層に建て直されようとしていた。

日本の最初の鉄道は「汽笛一声新橋を」の新橋—横浜間、明治五年のことである。これは江戸湾が浅すぎて大型貨物船や客船が入れないので、外国航路はすべて横浜港が利用されたからであった。横浜は文明開化の窓口でそこからの物資を運ぶのに鉄道が必要だった。東京で新橋の次に開業したのが上野駅で、これは東北の産物を東京に持ってくる、あるいは東京の文化を東北に伝えるために敷設された。明治十六年のことである。

一国の首都でも中央駅がない町はある。パリは北駅（ギャール・ド・ノール）、ライオンの名前がついたリヨン駅など、いくつもの終着駅がある。モスクワも発車する方面により、ベラルーシ駅、キエフ駅などと分かれている。乗り換えには不便だが、各駅は線路のつながる地方の郷土色豊かな風景を持っている。終着らしい駅がない東京で、上野駅は東北線や常磐線、高崎線の終着駅の旅情をにじませる唯一の駅である。

一方東京駅は、その上野と新橋を結ぶ中央停車場として計画され、斯界の一人者であった建築家・辰野金吾が皇居に向き合う天皇の駅として設計した。

大正三年の完成時には、赤煉瓦も、その間にはさまっている白い石も、スレートをのせた二つの尖塔も、珍奇な風景としてあまり評判はよくなかったらしい。とにかく東西に長く、町の真ん中を駅が塞いでいる。中央口は皇室専用である。私も一九八七年の保存運動を始めるころはこの駅をあまり好きではなかった。

一九八七年、丸の内の東京駅舎が高層化されるという計画を聞き、私たちは『赤レンガの東京駅を愛する市民の会』を結成、十万を超える署名を集め、国会に届け、国会は東京駅の保存を決めた。

しかし毎日のように駅頭に立って保存の署名を集めるうちに、この駅に情が移っていった。建築史的な意義だけでなく、東京駅には様々な価値がある。たとえば丸の内に働く会社員にとって、駅が超高層であったらどんなに息がつまり、解放されないであろう。「仕事を終えて家路につくとき、そこに広い伸びやかな空があり、歴史的建造物である赤煉瓦の駅にほんのりと明かりがともっているとほっとする」という人がいた。

また地方から青雲の志をもって上京した人にとってもこの駅舎は東京初景色となる。飯沢匡さん「東京駅の開業の日に神尾中将が青島から凱旋し歓迎会も駅頭で行われたのを覚えています」、黒田征太郎さん「東京駅の前でサーカスを見たのはとっておきの自慢です」鳥居ユキさん「網代の別荘に出かけるときのくつろいだ気分を思い出します」。たくさんの方にとって東京駅はかけがえのない心の駅であった。

高峰三枝子さんが、作家の三浦朱門さんらとともに会の代表を引き受けて下さったのは、東京駅に関するある思い出のためだった。「東京——ロンドン九十四時間の最速飛行で知られた神風号の飯沼飛行士に憧れていました。戦時中、東京駅頭で映画のロケをしているときに、たまたまその飯沼飛行士の遺骨が帰ってくる行列にあってショックを受けました」

飯沼飛行士は俳優のような美男子でもあったが、プノンペンで軍用機のプロペラにまきこまれる事故で亡くなっている。

「東京駅はみんなのもの」という気持ちに支えられ、駅舎の保存が決まったころ、今度は上野駅が磯崎新氏の設計で地上三三〇メートル、六十七階の超高層ビルになるという話が持ち上がった。

上野駅はビジネス街に面したよそゆきの東京駅とは違い、徹底して民衆の駅である。近代になって東北は東京に物資だけでなく人材も供給してきた。上野は東北や北陸、信越方面から上京して、東京で丁稚や徒弟、工員として働く人にとって「ふるさとにつながる心の駅」であった。東京で何か失敗して故郷に逃げ戻るとき、駅が近いのは助かったという人もいる。

盛岡出身の歌人・石川啄木は「ふるさとの訛りなつかし停車場に人混みのなかにそを聞きにいく」とよみ、金沢出身の詩人・室生犀星は「トップトップと汽車は出て行く　汽車はつくつく　あかり点《つ》くころ　北国の雪をつもらせ　つかれて熱い息をつく汽車である」と歌った。

これと同じ景色を子どものころに見た。私の家は母方の先祖は山形の鶴岡である。親戚の葬式に母が出るため、私たちは置いていかれた。父の手を握って上野駅まで朝、母を迎えにいった。小さな弟を背負って、母が雪のつもった夜行寝台車から降りてきたときの安堵感を、わたしは生涯忘れないだろう。

そんなわけで、私は上野駅の建て替えへの意見を集めたパンフレットを作ろうと思い、本橋成一さんを訪ねた。本橋さんは上野駅に新幹線は似合わない、と思って一九八〇年ごろから上野駅を撮り始め、『上野駅の幕間』という写真集を出されたところであった。

そこには大きな荷物を持って改札の陰に腰を下ろすおばあちゃんがいた。出稼ぎから故郷に戻るのに前夜、ホームに新聞紙を敷いて酒盛りをする人々もいた。みんなで歌う故郷の歌が聞こえてくるようであった。よくこんなことを駅員さんたちは許したなと思うくらいの解放区だ。家出少女や迷子、修学旅行の少年たちも写っていた。駅はいろんな人生のドラマの舞台である。「ホームからおしっこをしても許されてしまう駅」だと本橋さんは私たちのつくった「トポス上野ステーション」に書いてくださった。

私もそのころどれほど上野駅に通ったことか。売店のお姉さんは「ここは空気が悪くてね、でもいろんな人と話すのが楽しいわ」「一番売れるのはオレンジカードとテレフォンカードかな」と言っていたのはいかにも八〇年代の話であった。「これから帰郷する人に、その背広にこのネクタイの方が似合うわよ、とすすめることもある」とも言っていた。

出世列車の名もある『鳥海』『津軽』に乗って出稼ぎや集団就職で来た人々は、帰るとき、たくさんの土産を持ち、背広を新調し、靴を替えて、ふるさとに錦を飾ろうとする。そんな人々の心のうちには、ふるさとに帰れる喜びと、ふるさとに変わりはないか、自分を変わりなく受け入れてくれるかという不安が交錯していたのではないだろうか。

本橋さんはいう。「新しい靴に替えても古い靴も捨てられない。戻るまで古い靴を預かってくれる店があった」「靴磨きも既得権で場所が決まり、その人たちが閉店するとまた別の集団が現れて靴を磨いた。赤帽さんが最後までいたのも上野駅だよね」

上野駅はお盆と暮れに二回の大量輸送があり、駅員たちは緊張した。切符切り名人、パンチならし名人、人間時刻表など名物駅員がいた。「どこに行きたいというと、即座に乗り換えや待ち合わせ時間、到着時間を言ってくれる駅員さんがいたの。聞いた方が信用しないのでわざと時刻表を開け閉めしてたけど、みんな頭に入っていた」と本橋さん。

なかにはふるさとに帰れない人もいる。「売店にカニの練り物とワンカップを二本買いながら、青森まで帰るのにはこれを飲んで寝るのが一番だ、なんて言ってるのね。でもどう見ても故郷に帰る格好じゃない。売店のお姉さんも、あの人、毎月、同じものを買って同じ話をしていくのよねえ、と言っていた」

おそらく出稼ぎにきたまま、ふるさとの家族と心がはぐれてしまい、山谷あたりに沈没してしまった人ではないか。家族のために出稼ぎに行ったのに、長年の不在のうちに故郷の家族は父親のいない家が常態となっていた。妻が他の男に心を移し、出稼ぎに来た夫も東京でまた別の女性と出会ったりした。私も上野駅で、ずっと会っていない娘の写真を見せられたことがある。上野駅はそういう人々にとっても〝おいらの心の駅〟なのであり、用がなくても駅にうろうろしている人は結構いたのである。

結局、上野駅の超高層化計画はバブルの破綻とともに、立ち消えになってしまった。その代わり上野駅は大胆なリニューアルを行い、数十の店舗を構内に作った。

しかし見ていると、その後入れ替わりの激しいこと。売上げを上げられない店はどんどん撤退していく。修学旅行の生徒を整列させた場所も店舗になった。店だらけでなんだか息苦しい感じもある。国鉄時代は「乗せてやる」感じでサービスが悪かったのは確かだが、利益ばかりが追求されていないか、とため息をつくのである。

そして二〇一一年三月十一日に東日本大震災が起こった当日、ＪＲは駅構内を夜の七時に早々としめ、帰宅困難者にスペースや水を提供しなかった。都知事や県知事たちも遺憾の意を表明、ＪＲ東日本の社長が陳謝した。

このニュースを見たとき、私はなぜかインドのカルカッタからブバネシュワールまで夜行に乗ったことを思い出した。長い長い列車がカルカッタの薄暗いホームに静々と入ってくる。人々は改札もないホームをゆったりと歩き、自分の乗るべき号車を探した。そしてブバネシュワール駅に夜明け前についたとき、オレンジ色の衣をまとった巡礼の人々は、当たり前のように天井の高いコンコースに大勢が横たわって仮眠をとるのであった。

駅は旅人のもの、みんなのものだ。私はまた別のことも思い出した。

私の祖母は東京で関東大震災に遭い、生まれて間もない赤ん坊、私の伯父を抱いて、列車の継ぎ目に座ってふるさとの宮城県丸森まで避難した。当時の国有鉄道は罹災者をもちろんただで乗せた。その二十数年の昭和二十年三月十日未明、私の母は浅草で下町の大空襲に遭った。家は焼かれてしまい着のみ着のまま、その足で上野駅に向かった。駅ではおにぎりを一つくれて、山形県鶴岡まで汽車に乗せてくれたという。もちろんただだった。

このたびの三・一一ではどうだったのか。普通車が満員だったため、グリーン車に移らざるを得なかった罹災者からグリーン料金をとったと聞いている。避難者や支援者を、もし国鉄時代であったならどう遇しただろうか、と考え込んでしまった。

釜石てっぱんマップをつくろう〈岩手〉

二〇一一年の秋、石巻から北上して南三陸、気仙沼、大船渡、釜石、大槌町まで足をのばした。すでに町は波にさらわれている。がれきもどんどん片付く、半壊の家々も壊される。前の姿を少しでも早く目に留めておきたかった。そして明治二十九年と昭和八年の津波の記念碑が多いのに気がついた。

南三陸の町職員が多く犠牲になった防災庁舎、赤い鉄骨だけが残る。以前、どんこ鍋を食べに行った民宿高倉荘は無事だったが、海辺の歌津恐竜館などは流されて消えていた。気仙沼では登録文化財になる寸前で屋根を吹き替えていた尾形家（一八一〇年建築）が既に屋根をほぐして材を保存してあった。持ち主は再建したいが、町の形がどうなるか、どこに道路が通るのか、わからないうちは建てられないという。

大船渡からは岩手である。ここは市場などは結構早く復旧しているように見えた。さらに釜石に行くと幸いなことに新日鉄住金（その後日本製鉄）の工場は無事だった。二〇一四年一月、この釜石で「てっぱんマップ」をつくろうとしている方々に招かれ、行くことにした。「てっぱん」とは釜石自慢のもの、人、こと、の意味だという。

新幹線の新花巻に、震災後、百回も仮設住宅などに「こころ寄席」を出前した有坂民夫さんが迎えにきてくれた。「楽しくおいしくやりましょう」ということでまずマルカンデパートにものすごいソフトクリームを食べに行った。十一時開店と同時に人がどっと入る。「どうやって食べるの？」「箸で切る」なるほど。

釜石までは新道もできているが、わざと山道の人形峠を通り、大橋鉄鉱山のあとを見る。すでに住民も少ないが、ドラマチックな産業遺産を見て興奮する。ここでオペラ「アイーダ」なんてやったらすばらしいだろうなあ。

釜石にはお昼過ぎに到着。三重食堂、ここのラーメンは縮れ麵で細い。スープもあっさり系でもも肉のチャーシューにシナチクとなつかしい味。三重県出身者が始めたのだろうか？　一時すぎなのに満員で、壁のおにぎりの張り紙がおいしそう。「ここのなら毎日でも食べたくなる」と有坂さん、同感。

このあと当地の編集者平松伸一郎さんに案内してもらう。彼は大学卒業後、故郷に帰り、震災後、「フライキ！」という情報誌を編集してきた。これは大漁旗の別名、富来旗のこと。三年近くたち、そろそろホテルや旅館も開業し出している。ボランティアや見学に来る人も多いので、その人たちに流されてしまった町の歴史を伝え、いっしょに町歩きを楽しめるようなマップが欲しい、という。

最初に行ったのは避難道路、「三・一一のとき、みんなこの坂を上がって逃げたんです。ここから映した映像が多かったでしょう」。ひーひーと息を弾ませる私に「あの日は八十、九十のお年寄りもここを上がったんですよ」と平松さんは笑った。「釜石の奇跡」と呼ばれている。今回、「津波てんでんこ」の防災教育の徹底で、子どもたちは家族を気にしないで、とにかく自分が助かろうと高台へ高台へと逃げた。自分より年少の子どもの手を引き、中学生は時にお年寄りをおぶい、その結果、地震のときに学校にいた子どもは一人も犠牲になっていない。

しかし高台から見る町はほとんど流されていた。三万九千人の人口のうち千人が犠牲になり、千人が町を離れた。釜石駅から甲子川を渡った東の市街地はことに家が流されていた。

「ここはかつて鈴木東民が市長をしていましたね」と私は言った。戦前ベルリン特派員として赴き、反ナチスの論陣を張った人である。戦後は読売の幹部でありながら、組合委員長として第一次第二次の読売争議を闘ったが、GHQによって解雇された。

「ええ、鈴木東民は一九五五年から一九六七年まで三期、市長を務めました。ヨーロッパ滞在時に見聞した、フィレンツェのベッキオ橋の上の商店街が忘れられなかったんでしょう、釜石にも日本で空前絶後の橋上市場を作って名物だったんですが、橋の老朽化で架け替えることになり、撤去されてしまいました」

河川法で、川の上に私的な商業空間を作ることが既存不適格とされ、再度作ることはできなかった。そこにいた業者たちがまとまったのがサンフィッシュ釜石で、ウニやアワビやイカやホタテや、おいしそうな海の幸をたくさん売っていた。サンフィッシュとはマンボウのことだという。

鉄と魚の町、釜石。新日鉄住金はすでに高炉を止めている。自動車のタイヤに使う線材を作っているのだという。かつての勢いはたいしたもので、賓客を迎える迎賓館の建物楽山荘も残っていた。その工場に沿った溝を排水路に、かつては呑兵衛横町と呼ばれる飲屋街があった。

「ここにあった居酒屋はいま仮設の飲食店街に入っています。行ってみましょうか」

釜石はまゆり商店街の一角、二階建てのプレハブにたくさんの居酒屋が入る。最初に行ったのはみりん干しやドンコの刺身でワインを飲ませる店。女性店主は長らく学校の先生をしていたが、「父の寿司屋が流されたので、被災者としてここに入ることができました。教師も大変だったけど、居酒屋もどんなお客が来るかわからないし、大変な商売。売り上げより仕入れが多い日もあります」とのこと。

もう一軒、とはしごした店のママは面白い人で、ビルの二階にあった前の店に津波が押し寄せた話をしてくれた。泊まったのは多田旅館。階段の二階に近い段に「津波はここまで来た」と書いてあった。

釜石のもう一つの歴史、鉄について知ろうと私は「鉄の科学館」を訪ねた。

そこで佐々木論《さとす》館長に聞く。「釜石の山に鉄鉱石があることは旧幕府時代からわかっていた。職人たちが鏩などで切り出して、それをまた割って細かくし、いわゆるふいご式のたたら製鉄をしていました。その有名な産物が南部鉄瓶です。日本の製鉄の父といわれる大島高任は、森さんが通っていらした釜石の大橋に洋式高炉を築き、安政四（一八五七）年の十二月一日に初めて鉄石精錬に成功しました」

大島高任（一八二六ー一九〇一）は南部藩の藩医の子で、江戸で医学を長崎で鉱山学をまなぶ。水戸藩主徳川斉昭に招かれ、那珂湊に反射炉を築き大砲の鋳造をするが、材料が砂鉄なので実戦には使えなかった。そこで出身の南部藩の領地、釜石甲子村大橋に磁鉄鉱が出ることからここに高炉を築いた。他にも橋野、佐比内、栗林、砂子渡などで高炉を築き、強度のある製鉄に成功した。明治維新後、岩倉使節団にも参加した大島は明治七年、釜石に官営製鉄所を作る際にも関わったが、ドイツ人技師、ビヤンヒーと意見を異にし、釜石を去った。

しかしなぜか釜石では大島の方を製鉄の父として、駅前にも銅像を建てている。写真で見るとひげを蓄え、なかなかの男前である。大島はいったん藩に戻り、日新堂という洋学所を設立、維新後は各地の鉱山の開拓、那須野の開発にも関わり、ブドウ園と醸造所を作ったりした。多彩な一生だと思う。

「明治十三年開業の官営製鉄所は二五〇万、いまでいうと数千億も投資したのに十八万円しか稼げず、たった三年で田中長兵衛という人に払い下げられます。この番頭格だった娘婿の横山久太郎が四十八回、失敗して四十九回目にやっと成功した。このときの炉の底に残った鉄のかす、のろを横山家からお預かりしてそこにありますが、これは国宝級のものです」

明治二十九年（一八九六）の大津波は大丈夫だったのでしょうか？

「あのときは国内出銑量の七割まで出していましたが、津波で家が倒壊、釜石の人口六千五百二十九人のうち、四千九百八十五人が津波で亡くなりました。製鉄所もとんでもない打撃を受けましたが、被災者のための炊き出しをしたそうです」

「その後、第一次大戦後に不況になり、製鉄所は一九二四年に三井の経営になりました。

そのころはお給料がよかったそうですよ。その後も戦時体制で日本製鉄に統合されたり、戦後、財閥解体で富士製鉄に入ったり、昭和四十五年に新日本製鉄になりました。日本の近代史で、釜石製鉄所がなければ日清・日露戦争は闘えなかった。軍艦はみなこれで作りました。新幹線のレールもみんな釜石製です。それにパチンコ玉の二つに一つは釜石製なんですよ」と佐々木館長は胸を張った。

館長のお父さんも新日鉄ですか？「もとは新日鉄だったのですが、その後石灰山の方に変わりました。僕は昭和二十五年生まれ、オリンピックの時がちょうど中学生で、一クラス五十人くらいいました。しかしそのころちょうど名古屋製鉄のほうに移転していく時代で、中学の友達もみんな名古屋に越して行きました」

いま橋野高炉は九州の八幡製鉄などとともに世界遺産に推薦されている。その橋野高炉を見学に行くが、海側と違って雪が深く、最後はずぼずぼと雪中行軍になり、ついに到達をあきらめた。

そこから鵜住居《うのすまい》という今回の津波で一番犠牲の大きかった地域へ行く。釜石全体で千人ほどの犠牲者のうち五百八十二人がこの地区で亡くなった。二百人ほどが犠牲になったとされる地区防災センターの解体工事中であった。鎮魂のお堂が白木で建てられている。鵜住居小学校と釜石東中学校の生徒はみな高台に逃げて助かったが、校舎はまだ仮設のままだった。

新日鉄釜石といえばラグビーでも有名で、一九八五年のラグビー日本選手権で新日鉄釜石は奇跡の七連勝を飾った。二〇一九年のラグビーワールドカップを釜石に誘致しよう、という活動をしている人たちがいる。

「東京で立派なスタジアムを作るのもいいけど、ここらへんには子どもがサッカーやラグビーをする場所もない。このあたりはみんな流されちゃって、住宅は再建できないけど、スタジアムなら一億くらいで作れると思うんだ」

コーヒーを頼み、カンパしたら、きれいなレース編みのしおりをくれた。

夕方戻って地図作りのワークショップの打ち合わせ。この青葉ビルというきれいな市営住宅と市民交流スペースは平成二十年にオープン、しかし三年後に津波で一階が被災した。恩着せがましいところがまるでなく、入り口に会社の名前が書いたプレートを一枚残して。なんでもロクシタンは南仏プロバンスのメーカーで、釜石とプロバンスのディーニュ・

レ・バン市とが姉妹都市なのだという。

今日の会合は十九時から、「みんなの家・かだって」でなされる。これは半壊した倉庫を壊し、建築家の伊東豊雄さんが設計した鉄骨・木造屋根の建物でＮＰＯが管理していた。外は寒いのに中はストーブで暖かい。だんだん人が集まってくる。

「誰に向けて、何を伝えたいかをはっきりさせましょう」とわ私は言った。「観光客は駅から来るとすると、駅を背にして文字が読みやすい向きにしないとね。年配の方も多いから字も大きいといいわね」「半日使ったら折目からビリビリに裂けるような紙はやめましょう」

「ここには新日鉄の社宅がたくさんあった」「このところに浴場があって新日鉄の人しか入れなかった」「三重食堂のラーメンは入れないと」「そうかあ、おれは新華園のファン」「虎舞は自慢できる」「料亭幸楼は明治から続いているよ」「仮設から出勤する現役最長老の芸者さんは釜石の宝物」「橋上広場の雑踏、お父ちゃんの手をつないでいないと怖かった」。たくさんの声が、思い出が出る。

それを大きな白い地図に書き込んでいった。行政の出す観光地図とは違う市民目線の柔らかい、使いやすい地図ができるといいな。このワークショップは翌日のNHKで放映もされたのだが……ワークショップには予算がついたが、マップ制作の費用はいまだメドが立たないという。

いつできるかな、私は首を長くして待っている。


〈その後〉

大瀧詠一さんと高校生バンドを組んでいた鉄の文化館の佐々木館長は亡くなられた。心からご冥福を祈ります。「釜石てっぱんマップ」は平松伸一郎さんを編集長に立派に印刷され、現在、六刷り目。鵜住居のスタジアムは見事に完成してラグビーワールドカップの予選二試合が行われた。二戦目は惜しくも台風十九号の暴風で中止されたが、待機していたカナダの選手たちは被害のボランティアに加わり、感謝された。

避難場所に指定されている高台

まだ再開前の三陸鉄道

宮古で石碑を読み歩く〈岩手〉

東日本大震災、岩手の復興に努力する人たちのお手伝いに、釜石に続き大槌町、山田町を経由して宮古まで北上することになった。大槌町は海辺の庁舎にいた町長以下、役場の職員が多く流されてしまった。その庁舎がまだ痛々しい姿を見せている。山田町では北海道旭川市のＮＰＯ大雪りばあねっとが復興資金を使い込み、私的に流用して刑事事件になっていた。ＮＰＯを認可した旭川市、監督の甘かった山田町、岩手県の不祥事でもあるが、これは忘れてはいけない事件だ。

宮古市は千二百五十九平方キロに五万六千人（二〇一九年現在）が暮らす広い自治体である。面積は琵琶湖の二倍と広いけれど、住めるところは九％で、あとは山林だとのこと。

県庁所在地盛岡からも二時間はかかる。宮古市は江戸時代に南部藩の海上交易で栄えた港であった。沿岸部は三・一一の津波で大変な被害にあった。犠牲者は五百人を超える。

三陸リアス式海岸の真ん中に位置し、そこから重茂《おもえ》半島が伸びている。重茂漁協は震災で船を流されたあと、残った船で原始共産制のような共同運営、共同分配の漁業をしていることをテレビで知って感銘を受けた。重茂半島には本州最東端の魹ヶ埼《とどがさき》がある。そこの灯台守の妻の手記がかつて映画「喜びも悲しみも幾年月」の原作になったという。

私は地方を旅すると妙に石碑が気になるたちである。山道を下るとき、見えた碑が気になり、車を戻ってもらって見ると牧庵鞭牛《ぼくあんべんぎゅう》という僧侶の記念碑だった。この人は宝永七（一七一〇）年に宮古で生まれ、牛方、鉱山夫などを経て二十二歳で仏門に入った。栗林村の曹洞宗常楽寺で修行、林宗寺住職をつとめ、四十代半ばで、閉伊《へい》地方を襲った飢饉の被害を見て、「陸の孤島」の危険を解決しようと思い立った。海辺の集落をつなぐ道や盛岡から宮古に至る道、いわゆる宮古街道（いまの国道一〇六号線・百九キロ）を自ら開削した。

工事は鑿や玄能を用い、岩を薪で熱して冷水をかけてもろくして割る、といった方法で難所を切り開いた。私が見つけたのは和尚が建てたといわれる「普請供養塔」の一つである。最初は変わったお坊さんだと思った住民も次第に協力するようになったという。天明二年（一七八二）偉業を遺し七十二歳で没。昔は土木事業までお坊さんが率先して手がけたと知り心に響くものがあった。

宮古に入ってお昼を「福」という小さいラーメン屋さんで食べた。釜石に負けず劣らずの細いちぢれ麵、ワンタン入り、そのワンタンは肉はほんの少しだが、天女の羽衣のようなふわふわの皮がなんともおいしい。そこで三陸情報局の近藤和也さんに会った。被災地情報発信マガジン「こころ通信」を出してきた人だ。これから三陸ジモト大学という学びの場を開く、そのプレイベントで地域づくりの話をしてくれと言う。私は宮古を見ないで話はできないと思って少し町を歩くことになった。

まっさきに案内してくれたのがこれも曹洞宗宮古山常安寺。もともとは華厳院というお寺の末寺だったが、華厳院が慶長十六年の津波で流されたので、寛永年間に現在地に再建されたのだという。高台にあって津波の際は安全だろう。境内には二〇一一年の「東日本大震災物故者供養塔」の近くに、明治二十九年の「三陸海嘯横死者招魂塔」や溺死者の供養塔が建てられていた。海嘯とは津波のことである。この辺の人たちはこうした碑によって津波のことを絶えず意識していたのではなかったか。

第七世霊鏡竜湖和尚は享保年間に寺の大修理を行った人であるが、「浄土ヶ浜」の命名者として知られている。その足で浄土ヶ浜へ向かった。たしかに三陸復興国立公園の中でも最も美しい景色だろう。広い海、白い浜、奇岩に松。しかし浄土ヶ浜という特異な名前がなければこれほどの観光名所にはならなかっただろう。昔のお坊さんは名勝・観光地作りも率先してやったらしい。

浜にも一九六〇年五月二十四日のチリ地震の津波の碑。荒波を前に、津波の犠牲者を追悼したものだ。「地震がなくとも潮汐が異常に退いたら津波が来るから早く高い所に避難せよ」とある。もう一つの古い海嘯碑には「大地震の後には津波が来る」「大地震があったら高い所に集まれ」「津波に追われたらどこでも高い所へ」「常に逃げ場を用意しておけ」「家を建てるなら津波の来ぬ安全地帯に」と被害を最小限にする心得が列挙してあった。先人はここまでの教訓を石に刻んでくれていたのである。宮城県より岩手県に犠牲がより少ないのはこういう石碑と人々に叩き込まれた先祖の教えがあったからであろうか。
宮沢賢治が来遊した時の碑もあった。

うるはしの　海のビロード　昆布らは
寂光の浜に　敷かれひかりぬ

「昆布ら」という擬人法の可愛らしさ、「海のビロード」という美しい表現に惹かれた。そして浜から車で上がる高台に「宮古湾海戦記念記」を見つけ、俄然興味がわいてきた。

私は戊辰の研究を十六年行い、『彰義隊遺聞』という本を書いた。わが祖先は伊達藩と庄内藩である。私は官軍、賊軍という名称は使わない。戊辰戦争は日本最後の内戦であり、近代を考える時、忘れてはならない原点である。薩長雄藩を中心とする西軍（新政府軍）が東北列藩同盟の東軍（旧幕府軍）を破った。日本中どこを訪ねても私は「ここはもと何藩でしたか、戊辰戦争ではどちらにつきましたか」と聞く。それがその土地に与えた影響は濃い。戊辰戦争のなかでも謎だったのは宮古湾海戦、どうしてあそこで双方がぶつかったのか？

はじめてその現地に来てドキドキした。碑や資料によると明治二（一八六九）年三月、函館に立てこもる旧幕府軍追討のために派遣された新政府軍の甲鉄以下、八隻が宮古湾に停泊していた。甲鉄はフランス製のすばらしい装甲艦だった。すでに最新鋭の旗艦・開陽を暴風雨で失っていた榎本武揚はこの奪取を命じ、旧幕艦・回天が高雄・蟠竜《ばんりゅう》を率い函館から急行する。暴風雨に見舞われ三艦はちりぢりになった。

蟠竜は沖に停泊して待ち、あとの二艦は山田湾に入港、宮古湾の鍬ケ崎《くわがさき》に新政府の艦隊が停泊中との情報を得た。そこで三月二十五日夜明け前、山田湾の二艦は宮古に向かったが、高雄は故障を起こして船速がおそく、回天は単独で宮古湾に侵入するしかなく、奇襲をかけた。

回天は甲鉄に接舷しようとしてできず、横腹から船ごとぶつかって乗り上げ、兵士は船首から船板に飛び降り切り込んだ。この戦法をアボルダージュという。しかし甲鉄側も最新式のガトリング砲で応戦、激闘の末、三十分で双方合わせて五十人の死者を出した。「この海戦は一艦をもって八艦にあたった勇敢さとともに、わが国初の洋式海戦として日本海戦史上その名を留めた」と碑には刻まれている。

宮古には他にもこの海戦にまつわる碑があることを知り、回ることにした。その近くの臼木山の公園地の海を見晴らす丘には「宮古湾海戦解説碑」。ここには回天の奇襲コースを示す看板もあり、新撰組の土方歳三が宮古湾海戦に参戦したこと、日露戦争の日本軍連合艦隊司令官東郷平八郎が新政府軍の三等士官として参戦したことが書いてあった。

私は興奮して、さらに大杉神社の碑を見るために高い石段を上がって行った。伯爵・海軍大将東郷平八郎が撰文をした巨大な「宮古湾海戦蹟碑」が夕日に輝いていた。あとで調べたところ、東郷はこの敵の奇襲作戦を忘れず、日露戦争時の日本海海戦に生かした。また敵将「甲賀源吾という男は敵ながらあっぱれな勇士であった」と評価したという。

大杉神社から見下ろす鍬ヶ崎はこの前の津波で町は流されていたが、古くは遊郭があり、まずは函館に向かう幕軍兵士がそこで骨休めをし、応分の支払いを済ませたという。「翌明治二年に官軍が来たときも鍬ヶ崎で飲めや歌えやの大騒ぎをしたらしいが、そのときはまったく費用を払わなかった」と宮古の人に聞いた。

なお翌日、愛宕小学校の裏の公葬地に「官軍無名戦死四名」の墓を探し、藤原須賀の観音堂近くの「幕軍無名戦士の墓」にもたどり着いた。海岸に流れ着いた幕軍兵の首なし死体を土地の人が埋葬したという。この首を葬ったのは大井要右衛門、七回忌に墓を建てたのは岩舟豊吉という人である。奇特な土地の方の名を忘れたくない。その墓の隣には常安寺二十世の建てた「三陸大海嘯横死精霊」。こんなところにも曹洞宗のお坊さんによって建てれらた供養碑があった。

こんなにこだわったのはわが町、文京区向丘光源寺にも宮古湾海戦の勇士、「回天」艦長甲賀源吾（一八三九―一八六九）の碑があるからだ。甲賀源吾は掛川藩士、蘭学を学んだ後、荒井郁之助とともに長崎の海軍伝習所でオランダ人から艦隊操練を学び、幾何・代数・英語も学んだ開明の人であった・江戸湾の測量に携わったり、小笠原諸島にも老朽帆船千秋丸で視察に行ったりと経験を積んだ。

二十四歳で、将軍徳川家茂の上洛の護衛を務め、大阪湾測量を命ぜられ、また下関戦争では「朝陽」、第一次長州征伐では「奇捷」の艦長を務めた。

勝海舟は江戸城明け渡しに際して、幕府軍艦も引き渡すとしていたが、これに不服な海軍副総裁榎本武揚は艦隊を率いて脱走、蝦夷地へ向かった。甲賀もこれと行をともにし、回天艦長として品川沖を出発。咸臨丸の曳航にも携わった。いったんは函館に到着したものの、榎本武揚の命に従い、宮古湾海戦で命を落とした。深謀遠慮、度胸が据わり、部下に慕われたという。同船していた海軍奉行・荒井郁之進は戊辰を生き延びて、のちに初代中央気象台長になったが、かつての同僚を高く評価し、懐かしんでいる。

光源寺は浄土宗の寺で、じつはわが家の菩提寺だが、住職によれば、「戦争中、境内に防空壕があり、近所の人が逃げてきていた。そこに米軍の直撃弾が落ち、甲賀源吾の碑にあたって、それが真っ二つに裂けた。一方、防空壕は無事。勇士「回天」艦長が守ってくれたという伝説がいつしかできた」という。

さて、宮古のあと田野畑村に行ってまた驚いた。「回天」は艦長を失いながらも、「蟠竜」と合流して、二十六日夕方には函館まで逃走、かわいそうなのは「高雄」である。機関故障でゆっくりしか走れなかった高雄は、新政府軍の「甲鉄」と「春日」に追いつかれてしまう。田野畑村に上陸し、乗組員自ら船を焼いた後、盛岡藩に投降。このときはすでに盛岡藩も政府に恭順していた。乗組員のうち、投降せずに田野畑村に隠れ住み、土地の女性と結婚して田野畑に土着したものがいるという。宮古では宮古湾海戦の研究会を結成し、震災以降の観光にも役立てようとしているらしい。私の見たいくつもの碑もその道しるべになるだろう。

私は宮古という町を歩いて、たくさんの碑や墓と出会った。それらは現代の長が新しく建ったホールなどに自分の名前を刻み、業績を誇るために建てたものではない。先人たちが後世の人に津波の危険を知らせ、またはここで知られずにいのちを落とした人々を弔うものであった。忘れてはいけないものをそこに刻んでいた。それはすべてつながり、「陸の孤島」といわれる東北のリアス式海岸で営々と生きてきた人々、その苦しい暮らしを想像させてくれるものだった。

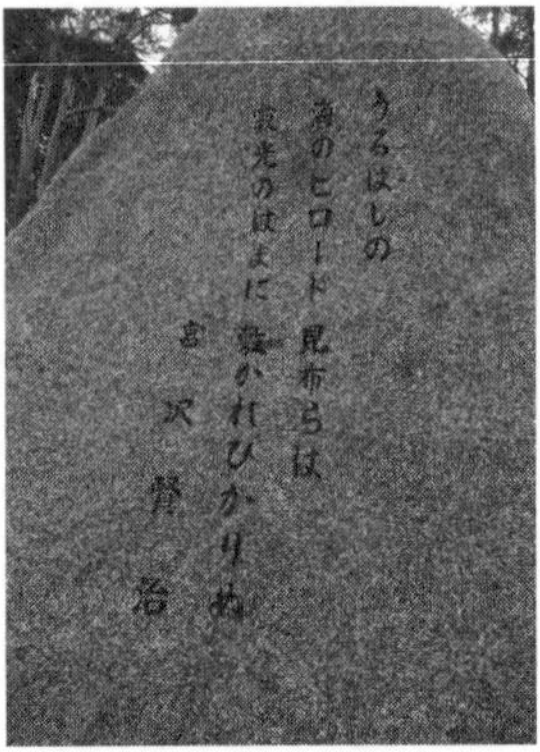

宮沢賢治が来遊した時の碑

常安寺境内にある
「東日本大震災物故者供養塔」

東郷平八郎が撰文した
「宮古湾海戦蹟碑」

三閉伊《さんへい》一揆──義民たちの肖像〈岩手〉

二〇一四年一月、宮古から北上して田野畑村に至る。机浜の番屋群の再建がどうなっているかを見るためだった。田野畑村では震災以前からさっぱ船を用いて、海からリアス式白亜紀層の断崖を見たりするエコツアーを開催していたが、震災後は津波災害見学ツアーに変えてがんばっている。机浜の番屋群は漁師さんが漁労道具を入れる番屋が並んでいたところで、これもきれいに波にさらわれてしまった。

村役場をお訪ねしたところ、「前の番屋の図面を起し、再建できるように交付金はついたけど、東京オリンピックやら何やらで資材も職人もまわってこない」とのことであった。あちこちで、震災復興住宅などが入札不調になっている。

村役場には吉村昭さんの「星への旅」という色紙が飾ってあった。吉村さんはなかなか小説が書けなくなったころ、田野畑に来てここで再起のきっかけをつかんだという。『関東大震災』という作品もあるが『三陸海岸大津波』という本も書いた。震災後、この本はまた脚光を浴びたが、奥様の津村節子さんは五万部の増刷分の印税をすべて、被災した田野畑村に寄付された。

なんとここには幕末で最大の最後の三閉伊一揆の村立民俗記念館と発頭人弥五兵衛の墓もあった。行政がお上に歯向かった人たちを顕彰するというのは珍しいことだ。入ってみたが雪の冬であるし、入館者が少ないのか、しんと静まり、暖房も入っていなかった。早速ストーブを付けてくれた館員さんからいろいろ聞いた。

江戸時代も末期になると、気候条件も悪い盛岡藩は、幕府から根室と函館の海防をするように命じられたこともあって財政が破綻し、しきりと内陸部の北上川流域の穀倉地帯で重税を取り立てた。それで天保年間に盛岡強訴や仙台越訴など、一揆が頻発したので、今度は別のところから取ろうと三陸沿岸、三閉伊通の漁業と製鉄に重税をかけた。人頭税や反札の大量発行でインフレも起こった。これに対し、農民、漁民木こりから猟師、領民が立ち上がった。このときの藩主は南部利済《なんぶとしただ》である。

その中心者が田野畑、当時の浜岩泉村切牛の弥五兵衛といわれる。そのころは武士でないから姓はなく、切牛も佐々木も地名であって、切牛の弥五兵衛どん、という感じか。あるいは牛方というのは牛を使って海辺の昆布やアワビなどの海産物を内陸へ運ぶ仕事をしていたからで、流通業者だから各地の実情をあまねく見て、ことあるごとに一揆の必要を訴えていた。しかし諸説紛々で、この一揆の頭取は「切牛の万六」という人であるともいわれ、万六と弥五兵衛は同一人物であるという説もある。

弘化四年（一八四七）南部藩は浜通に五万二千両という重いご用金を課す。この圧政に異議申し立てをする弥五兵衛に、安家村の俊作や忠太郎ら二十二人が呼応、途中の村々も誘ってどんどん蜂起者は増える。彼らはぐんぐん南下して仙台藩領に越訴をするかと見せて、急に山田、釜石から東へ方向転換、遠野城下になだれ込む。このとき、早瀬川の畔に集まった一揆衆は一万二千人。粘り強い交渉をしてたくさんの要求を勝ち取った。

弥五兵衛は一揆の先乗りをして行く先々の村に参加を呼びかけ、盛岡藩筆頭家老で遠野藩主の南部弥六郎をもその剛胆さで驚かせたという。二十六か条の百姓らの要求のうち十二か条は聞き入れられた。首謀者は「いっさいお構いなし」。聞き入れないと暴動が起き、時には逃散といって領民が土地を捨てて逃げてしまうからである。彼らは帰路の食料を支給されて帰村した。この一揆によって藩主利済は隠居、家老は罷免となった。

しかし、必ずバックラッシュがある、弥兵衛は再び蜂起せよと説いてまわっていた。彼は盛岡藩の同心に花巻でとらえられ、嘉永元年六月十五日に牢死した。斬首という説もある。

写真もない時代なので、どんな顔をして、いくつであったのかさえわからない。妻の墓と並ぶ弥五兵衛の墓は牢死の記録より一ヶ月早い。だが万六の墓は見つかっていない。お上にたてつくものとして変名を用いたり、墓を作れなかったりもしたかもしれず。しかし、いまから百六十年前に、議会制民主主義もない時代の庶民が、これ以上はがまんできない、と立ち上がったあとは、この小さな墓くらいしか見つけようがない。

いったん隠居した藩主南部利済は、クーデターを起こして長男利義を退位させ、次男利剛に跡取りをさせ、側近を重く用いて院政をもくろむ。そして遠野で民衆が勝ち取った成果を反古《ほご》にした。

嘉永六（一八五三）年五月十九日、弥兵衛の遺志をつぐ多助、喜蔵、倉治らは再び蜂起、紅白のたすきをかけ、むしろに小さな丸を書き昇り旗とし、暮らしに「困る」ことを知らせた。槍や棒で武装し、田老、宮古、山田、大槌などの百姓たちに呼びかけながら、南下する。海沿いの六万人の住人のうちじつに一万六千人が加わったという。途中金持ちの家を襲い、カンパを出させ、米を出させた。村ごとに整然と行進し、釜石から藩境を越えて唐丹《からに》に入った一万二千とも二万五千もいわれる民衆は、三か条の政治的要求と四十九か条の具体的要求を仙台藩に越訴する。つまり東京都知事がどうしようもない場合、隣の神奈川県知事に「自分のところは神奈川県にして、どうにか生活を建て直してくれ」と頼んだようなものである。

要求の中には退位させられた前藩主の擁護も入っていた。仙台藩は盛岡藩の要求に屈せず、百姓を引き渡しせず、「仙台藩の預かり百姓」として遇した。政治難民のような扱いである。ところがそこにペリーの黒船来航、仙台藩もあわただしくそれどころではない。

結局、主唱者四十五人を遺して帰る。「盛岡藩は一揆指導者の処分をいっさいしない」と誓約し、また圧政のもととなった藩の重役を罷免、院政を敷いた利済は江戸城下で謹慎となった。

閉伊《へい》川を渡る。この名前には覚えがある。釜石栗林村で嘉永六年の三閉伊農民一揆のリーダー三浦命助という人の大きな碑を見た。

そのときの釜石栗林村の主唱者が三浦命助であった。彼ものちに盛岡藩領に入ろうとしてとらわれ、牢死している。『獄中記』では、子孫に多様な作物や加工品を作れ、手に職をつけてお金を稼げ、江戸に行って豆腐屋になれ、松前に行って公儀の百姓になれ、などと書いている。

そのころ農民は重税に苦しみ、どうしても生きていくことができないと「逃散」といって、土地を放棄してよそへ行くことが認められていた。苛斂誅求の盛岡藩に苦しむ農民は藩境を越え、「越訴」といって仙台藩の助けを求めたのである。調べるほどに盛岡藩の政治は無惨であった。藩が展望のない借金をこさえ、むやみと税金を上げ、藩士の給料を減らすなどは、いまの日本と似ているような気もするけれど。こういうことを「迷惑」と言い切り、立ち上がった義民たちの物語がここにある。

そのことをずっと伝えようとした人がいた。畠山栄一さんという古い家の方である。海を見下ろすところで本家旅館を営んでいた、畠山さんは津波の前に逝去された。由緒ある建物の前に三好達治の碑がある。妻の照子さんの話。
「うちには三好達治さん、深田久弥さん、吉村昭さんもお泊まりでした。吉村さんの『三陸海岸大津波』にはオヤジの話が出てきます。昭和八年の津波を体験しているもので、ずっと語り部をしていました。私が知っているのはチリ津波ですが、そのときも海の底が赤黒く見えました。今回はここは高台で大丈夫だと思って見ていたら、黒い大きな波が立ってきました。本家の奥さん、来ねば、と誰かが声をかけてくれてやっと逃げました。オヤジが今度の津波を体験したらなんというかとおもってね」

照子さんは一九二六年、宮古の生まれだという。「女学校を出て十八歳でこの田野畑の羅賀《らが》国民学校に代用教員で赴任してきたの。男はみんな戦地にいっていました。生徒とは三歳しか違わなかった。この辺は陸の孤島でね。子どもたちは鉛筆もノートもないような状態で。岩泉で会議なんかあると、朝早く出発して山を越えて歩いて行く。辞表坂とか泣きっ面峠とかあってね、赴任してきてももうやめさせていただきます、という人が多かった。

栄一はそのころ上海の部隊にいましたが、戦後帰ってきた。八戸の中学に行って、宮沢賢治にかぶれるなんて、親不孝もいいとこよ。でも英語もできるし、本もたくさん持ってるし、それが読みたくて私は嫁に来たようなものかしら。さんざん戦争に勝つとか、鬼畜米英とか教えた身で、戦後も教師を続けるなんて、私には申し訳なくて出来なかった。栄一は漁師さんを集めてその暮らしをよくするために働いたり、いろいろしましたので、私はここで旅館をやってきました」

いらっしゃると知っていればドンコ鍋をごちそうしたかったわねえ、といって、照子さんはおいしいそばと漬物を振る舞ってくれた。

田野畑の海。そこは一揆の人々が沿うて歩いた海。幕府戦艦高雄が座礁して、上陸した海。ロシア船も避難をもとめ、明治二十九、昭和八、一九六〇、そして二〇一三年と四回の大津波を経験した人々の物語が忘れられずに残っているのだった。

三閉伊一揆の記念碑

一揆のリーダー
三浦命助の碑

あとがき

以前は子どもを育てながら、東京駅まで駆けてって新幹線に飛び乗るというような芸当をやっていた。搭乗最終コールで飛行機に乗って、キャビンアテンダントに四杯お水をもらったこともある。年とともにそんな無茶はできなくなった。

前作『用事のない旅』が幸いにも読者の支持を得、産業編集センターの佐々木さんがもう一冊出しましょうという。今度は仕事で出かけた目的のある旅の記録を集めてみた。なんだか、名所旧跡を効率よくまわり、いい宿に泊まっておいしいものを食べるというような旅からはどんどん遠ざかりつつある。特に三・一一以降、被災地復興のお手伝いに東北へ行くことが重なり、そこで見聞きしたこと、出会った人々のことは私の宝物である。

先日、谷中にある東京キチというゲストハウスで同年輩のフランス人女性とＢＢＱでいいっしょに飲んだ。私よりも一つ年上の彼女は、長らく中学と高校の教師をしていたが、「本当に仕事を愛していた」という。日本で、公立学校の教師や公務員で「本当に仕事を愛していた」といい切る人はきわめて少ない。管理社会の中でむしろ心を病む人の方が多い。その一言で私は打ちのめされた。

さらに彼女は言った。「四十年勤めた年金で、いまはずっと海外を旅行している。生まれ育ったのはパリだけど、いまはフランスには家を持っていない」。これにはもっと打ちのめされた。おお、そんな暮らし、私にできるだろうか。

三・一一の後、東京電力福島第一原子力発電所の帰趨が見えないころ、私は九州に仕事で呼ばれたのをきっかけに、二週間ほど九州を放浪していた。赤いトランク一つを引きずり、毎日、スマホでどうにか今日泊まれる宿を探した。もしかしたら東日本は人が住めない土地になるかもしれない。当時の菅直人首相が覚悟したほど、そのような危機だった。息子たちはそれぞれニューヨークと高野山にいた。娘にはすぐ北海道の親戚のところへ行くように言った。

あの寄る辺ない二週間を思い出す。いつもはできないようなゆっくりした旅で、柳川、水俣、熊本、島原、天草あたりを歩き回った。過去にどのような、地震、津波、飢饉、疫病、大火、火山の爆発があり、それを人々が懸命に乗り切ってきたかを痛切に知った。
これほど充実した旅はなかった。六十代を林住期というらしいが、七十代は遊行期である。あと五年したら、家を始末して、お金を懐に、いや普通預金に入れたまま死ぬまで旅をしたい。旅先で死ねたら最高だ。いまの私の心配は死ぬことよりも、「死ねなかったらどうしよう」ということなのだ。子どもたちは三人とも「お母さんの稼いだお金なんだから使い果たして死んでくれ」と言っている。

二〇一九年十二月
森まゆみ

［本文写真・イラスト］森まゆみ

【初出一覧】

書籍化にあたり、加筆・修正を加えました。

第一章

万年筆……『クロワッサン』二〇〇七年四月二十五日号

裂織りのバッグ……『クロワッサン』二〇〇七年五月十日号

応量器……『グラツィア』二〇〇八年九月号

八千代座……『つち』二〇〇三年七月号

群言堂の服……『地域人』No.45（二〇一九・五）

春の火振り神事……『朝日新聞』二〇一〇年四月一日夕刊

第二章

山ひだの一軒湯……『週刊・日本の名湯』No.18（昭文社）二〇〇四年二月十九日号

明治の香りただよう宿……『和楽』二〇〇七年三月号

私の好きな共同湯……『自遊人』二〇〇八年九月号

由布院の奥深さ……『旅』二〇〇五年三月号
山形いでゆ紀行……『北の旅学やまがた』（小学館）二〇〇四年六月

第三章
イタドリの油炒め……東海研究所『望星』二〇〇九年七月号
ひっぱりうどん……『読売新聞』二〇一六年三月六日
会津に飛露喜を訪ねて……平凡社『こころ』Vol. 10（二〇一二）
山田錦の里を訪ねて……JR東海『ひととき』Vol. 11（二〇一一・二）

第四章
京都へ古裂を買いに行く……『婦人公論』二〇〇一年四月二十二日号
神々の山へ……『婦人公論』二〇〇四年十月七日号
とっとり町並みの旅……『鳥取NOW』No. 46（二〇〇〇年六月）
長崎ぶらぶら歩き……『毎日が発見』二〇〇四年四月号
川越は、夜がいい……『東京人』No. 24 二〇〇九年七月号

鶴岡にて、墓を抜く旅……書き下ろし

第五章

強運の牡蠣……書き下ろし

上野駅と東京駅　駅は誰のものか?……永平寺機関誌『傘松』平成二十五年八月号

釜石てっぱんマップをつくろう……永平寺機関誌『傘松』平成二十六年四月号

宮古で石碑を読み歩く……永平寺機関誌『傘松』平成二十六年五月号

三閉伊一揆……書き下ろし

“読む旅”という愉しみ——〈わたしの旅ブックス〉シリーズ好評既刊

001
テキトーだって旅に出られる!
蔵前仁一

元祖バックパッカーが自らの体験をもとに書き下ろした旅の指南エッセイ。読後、旅に出たくなる一冊。

002
旅がグンと楽になる7つの極意
下川裕治

「海外ひとり旅」を楽しむための目からウロコの旅行術を紹介。シニア世代の新しい旅の方法を伝授。

003
旅ゆけば味わい深し
林 望

名エッセイストである著者が、旅先で出会った〝美味〟を自ら撮影した写真と文章で紹介。オールカラー。

004
進化する私の旅スタイル
国井律子

ハーレーで全国を駆け巡りエッセイを綴ってきたクニイが、結婚出産を経て進化した旅のスタイルを語る。

005
ロング・ロング・トレイル
木村東吉

モデルでエッセイスト、アウトドアの達人でもある著者が紡ぐ〝旅とラン〟の軌跡（トレイル）。

006
用事のない旅
森まゆみ

町歩き、聞き書きの名手が贈る珠玉の旅エッセイ集。女一人旅や旅の流儀など、著者の感性が随所に光る。

007
旅する歴史家
河合 敦
歴史家になるまでの半生を、旅になぞらえて振り返った著者初の自伝的エッセイ。初公開エピソード満載。

008
わが天幕焚き火人生
椎名 誠
著者の〝天幕人生〟を綴った表題作の他、単行本未収録のエッセイを収録。シーナワールド全開の一冊。

009
旅のアイデアノート
森井ユカ
世界を旅する雑貨コレクターが教える、本当に役立つ旅のアイデア100。

010
イランの家めし、いただきます!
常見藤代
ひとりでイランの家庭を泊まり歩いた心あたたまる旅の記録。写真家でもある著者の美しい写真も満載。

011
考える旅人 世界のホテルをめぐって
山口由美
ノンフィクション作家のオピニオンエッセイ集。世界のホテルを旅して考えたことを硬質な文体で綴る。

012
東欧 好きなモノを追いかけて
久保よしみ
東欧雑貨の第一人者による買いつけ旅日記。東欧の20年と人々の暮らしが見えてくる一冊。

013

ダリエン地峡決死行

北澤豊雄

コロンビア・パナマ国境の危険なジャングル地帯の踏破に挑んだ、ある一人の男の冒険ノンフィクション。

014

シニアのための島旅入門

斎藤 潤

日本の有人離島をほぼ踏破した島の達人による「島旅入門書」。豊富な情報と写真が島旅へと誘う一冊。

015

今すぐ出かけたくなる魅惑の鉄道旅

野田 隆

「乗り鉄」のベテランが厳選した今おすすめの40の鉄道旅を紹介。観光列車からローカル線までを網羅。

016

心がワクワクして元気が出る！37の旅の物語

西沢泰生

心がちょっと疲れた時に読むと、まるで旅に出た時のような元気がわいてくる、37の物語と18の名言。

017

まばゆい残像 そこに金子光晴がいた

小林紀晴

金子光晴に導かれて旅をした若き日々の残像を拾い集め、新たな紀行として書き下ろしたフォトエッセイ。

018

海外旅行なんて二度と行くかボケ!!

さくら剛

旅嫌いの6流作家が、自らの経験をもとに旅でよくあるトラブルとその対処法を指南する抱腹絶倒の旅行記

森まゆみ（もり・まゆみ）

1954年東京生まれ。作家。早稲田大学政治経済学部卒業。1984年に友人らと東京で地域雑誌『谷中・根津・千駄木』を創刊、2009年の終刊まで編集人を務めた。歴史的建造物の保存活動にも取り組み、日本建築学会文化賞、サントリー地域文化賞を受賞。著書は『鷗外の坂』（芸術選奨文部大臣新人賞）、『「即興詩人」のイタリア』（JTB紀行文学大賞）、『「青鞜」の冒険』（紫式部文学賞）など多数。近著に『「五足の靴」をゆく』（平凡社）、『子規の音』（新潮文庫）など。

わたしの旅ブックス

019

会いにゆく旅

2020年1月29日　第1刷発行

著者――――森まゆみ

ブックデザイン――マツダオフィス

DTP――――角 知洋_sakana studio

編集――――佐々木勇志（産業編集センター）

発行所――――株式会社産業編集センター

〒112-0011

東京都文京区千石4-39-17

TEL 03-5395-6133　FAX 03-5395-5320

http://www.shc.co.jp/book

印刷・製本――――株式会社シナノパブリッシングプレス

本書の無断転載・複製を禁じます。

乱丁・落丁本はお取り替えいたします。

©2020 Mayumi Mori Printed in Japan

ISBN978-4-86311-253-7